U0083285

古代歷史文化 研究輯刊

三二編

王明蓀 主編

第12冊

一技一業總關情
——從《營業寫真》看清朝最後兩年的市塵民生

李德生 編著

國家圖書館出版品預行編目資料

一技一業總關情——從《營業寫真》看清朝最後兩年的市廛
民生／李德生 編著 -- 初版 -- 新北市：花木蘭文化事業有限
公司，2024〔民113〕
目 16+248 面；19×26 公分
（古代歷史文化研究輯刊 三二編；第 12 冊）
ISBN 978-626-344-875-9（精裝）
1.CST：生活史 2.CST：行業 3.CST：期刊 4.CST：晚清史
618   113009481

ISBN-978-626-344-875-9

古代歷史文化研究輯刊
三二編 第十二冊   ISBN：978-626-344-875-9

一技一業總關情
——從《營業寫真》看清朝最後兩年的市廛民生

作　　者	李德生
主　　編	王明蓀
總 編 輯	杜潔祥
副總編輯	楊嘉樂
編輯主任	許郁翎
編　　輯	潘玟靜、蔡正宣　美術編輯　陳逸婷
出　　版	花木蘭文化事業有限公司
發 行 人	高小娟
聯絡地址	235 新北市中和區中安街七二號十三樓
	電話：02-2923-1455／傳真：02-2923-1452
網　　址	http://www.huamulan.tw 信箱 service@huamulans.com
印　　刷	普羅文化出版廣告事業
初　　版	2024 年 9 月
定　　價	三二編 28 冊（精裝）新台幣 84,000 元

版權所有・請勿翻印

一技一業總關情
——從《營業寫真》看清朝最後兩年的市塵民生

李德生 編著

作者簡介

李德生，原籍北京，旅居加拿大，係加拿大文化更新研究中心研究員，致力於東方民俗文化和中國戲劇之研究。有如下著作在國內外出版發行：

《束胸的歷史與禁革》　　　　　　　（臺灣花木蘭文化事業有限公司出版 2021 年 3 月）
《粉戲》　　　　　　　　　　　　　（臺灣花木蘭文化事業有限公司出版 2021 年 3 月）
《血粉戲及劇本十五種》（上中下）　（臺灣花木蘭文化事業有限公司出版 2021 年 9 月）
《炕的歷史與炕文化》　　　　　　　（臺灣花木蘭文化事業有限公司出版 2021 年 9 月）
《煙雲畫憶》　　　　　　　　　　　（臺灣花木蘭文化事業有限公司出版 2021 年 9 月）
《京劇名票錄》（上下）　　　　　　（臺灣花木蘭文化事業有限公司出版 2021 年 9 月）
《春色如許》　　　　　　　　　　　（臺灣花木蘭文化事業有限公司出版 2022 年 3 月）
《讀圖鑒史》　　　　　　　　　　　（臺灣花木蘭文化事業有限公司出版 2022 年 3 月）
《摩登考》　　　　　　　　　　　　（臺灣花木蘭文化事業有限公司出版 2022 年 3 月）
《圖史鉤沉》　　　　　　　　　　　（臺灣花木蘭文化事業有限公司出版 2022 年 3 月）
《旗裝戲》　　　　　　　　　　　　（臺灣花木蘭文化事業有限公司出版 2022 年 9 月）
《二十四孝興衰史》　　　　　　　　（臺灣花木蘭文化事業有限公司出版 2022 年 9 月）
《富連成詳考》（上下）　　　　　　（臺灣花木蘭文化事業有限公司出版 2023 年 3 月）
《丑戲》　　　　　　　　　　　　　（臺灣花木蘭文化事業有限公司出版 2023 年 3 月）
《三百六十行詳考》（上下）　　　　（臺灣花木蘭文化事業有限公司出版 2023 年 9 月）
《清代禁戲圖存》（上下）　　　　　（臺灣花木蘭文化事業有限公司出版 2023 年 9 月）
《三百六十行詳考續》民初篇（上下）（臺灣花木蘭文化事業有限公司出版 2023 年 9 月）
《古代兒童遊戲淺考》　　　　　　　（臺灣花木蘭文化事業有限公司出版 2023 年 9 月）
《清代三百六十行秘本圖存》（上下）（臺灣花木蘭文化事業有限公司出版 2023 年 9 月）
《清代三百六十行刊本圖存》（上下）（臺灣花木蘭文化事業有限公司出版 2023 年 9 月）

提　　要

　　晚清宣統元年，上海環球社獨立出版發行了石印畫刊《圖畫日報》。該報是我國第一份頗有影響、發行量最大、發行時間最長的日刊畫報。《圖畫日報》從宣統元年即 1909 年 9 月 16 日創刊起，每日發行一刊、每刊 12 頁，一共計發行了 404 期。畫報內設《科普》、《新知識》、《本埠新聞》等多個專欄。其中，畫家孫繼（孫蘭蓀）所繪的《營業寫真》（亦名《三百六十行》）專欄最為突出。從創刊第一號起，每天刊發《寫真》兩則，兩年間，共刊圖畫 456 幅。畫家以寫實的筆法，圖文並茂地描述了上海及江浙一帶的百工雜役、行商小販、引車賣漿者流的市廛交易，以及下層社會平民百姓日常的生活百態。真實地反映出在大清帝國大廈將傾之際，社會經濟瀕臨崩潰、芸芸眾生在貧苦窘迫的泥潭中痛苦掙扎的現狀。《營業寫真》的出現，因切入平民肌膚，且又以圖代文，婦孺可識，頗受時人關注。發行量之大，一度超過《申報》，日發行量達到兩萬多份。此外，畫家給每一個行業都配寫有俚詞俗曲，以借題發揮的奇思妙想，嘻笑怒罵饒舌口吻，針貶時弊，芒刺時事，信口遮攔，長舒胸臆。這一點與其繪畫風格有著異曲同工之妙。

筆者近兩年圍繞《三百六十行》這一課題，陸續編寫了《三百六十行考》、《三百六十行考續》（民國篇）、《三百六十行秘本圖存》、《三百六十行刊本圖存》等書，希冀以圖鑒史，為日後對「三百六十行」這一課題擬作更深入的研究者，提供盡可多的珍貴圖史資料，《營業寫真》則是不可多得的一幅長卷。筆者對其進行簡單分析的同時，集圖成冊，一併刊出。鄭板橋有《題竹》詩云：「衙齋臥聽蕭蕭竹，疑是民間疾苦聲。些小吾曹州縣吏，一枝一葉總關情。」筆者有感於畫家繪製《營業寫真》時的良苦用心，遂改寫其末句做為本書的書名，即「一技一業總關情。」

前　圖

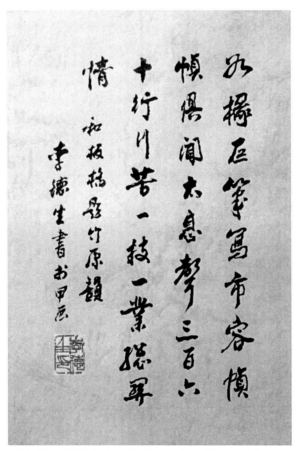

「如椽巨筆寫市容，幀幀俱是太息聲。三百六十行
行苦，一技一業總關情。」和板橋《題竹》詩原韻。

李德生書於甲辰

目

次

前　圖

第一章　一技一業總關情 …………………… 1

宣統「懸捅」 …………………………………… 1

天災人禍 …………………………………………… 2

畫報雄起 …………………………………………… 5

《圖畫日報》 ……………………………………… 6

《營業寫真》 ……………………………………… 7

畫師孫繼 …………………………………………… 9

民生淒苦 …………………………………………… 10

生計艱難 …………………………………………… 12

竹枝俚語 …………………………………………… 14

第二章　晚清市廛浮世繪 …………………… 17

1. 賣西瓜 …………………………………………… 17

2. 賣涼粉 …………………………………………… 17

3. 賣臭豆腐乾 …………………………………… 18

4. 賣綠豆湯 ……………………………………… 18

5. 賣蒲扇 …………………………………………… 19

6. 賣藕 ……………………………………………… 19

7. 縫窮婆 …………………………………………… 20

8. 賣水蜜桃蟠桃 ……………………………… 20

9. 賣蘆粟 ································ 21

10. 走方郎中 ····························· 21

11. 賣花 ·································· 22

12. 更夫 ·································· 22

13. 賣水紅菱 ···························· 23

14. 賣蓮蓬 ······························ 23

15. 賣席 ·································· 24

16. 修洋傘 ······························ 24

17. 剃頭 ·································· 25

18. 扦腳 ·································· 25

19. 東洋車夫 ···························· 26

20. 小車夫 ······························ 26

21. 賣珠寶婦女 ·························· 27

22. 賣湯水圓子 ·························· 27

23. 皮匠 ·································· 28

24. 賣花線 ······························ 28

25. 叫哥哥擔 ···························· 29

26. 唧兒攤 ······························ 29

27. 賣臭蟲藥 ···························· 30

28. 賣糖芋艿 ···························· 30

29. 賣香燭 ······························ 31

30. 賣長錠 ······························ 31

31. 辰州符 ······························ 32

32. 賣老鼠藥 ···························· 32

33. 賣熰熟藕 ···························· 33

34. 賣碗裏糕 ···························· 33

35. 舊衣攤 ······························ 34

36. 賣女鞋子 ···························· 34

37. 修缸補甏 ···························· 35

38. 箍桶 ·································· 35

39. 捉牙蟲 ······························ 36

40. 賣鹽婆 ······························ 36

41. 賣花紅 ······························ 37

42. 賣白蒲棗 …………………………………………… 37

43. 磨剪刀 ……………………………………………… 38

44. 補鑊子 ……………………………………………… 38

45. 賣沙角菱 …………………………………………… 39

46. 賣五香百果糖 ……………………………………… 39

47. 揳碗擔 ……………………………………………… 40

48. 賣梨膏糖 …………………………………………… 40

49. 賣筆 ………………………………………………… 41

50. 賣布 ………………………………………………… 41

51. 賣香煙 ……………………………………………… 42

52. 賣洋皂 ……………………………………………… 42

53. 賣蘋果 ……………………………………………… 43

54. 賣珍珠米 …………………………………………… 43

55. 賣糍飯糕 …………………………………………… 44

56. 賣茶葉蛋 …………………………………………… 44

57. 賣地藏香 …………………………………………… 45

58. 賣琥珀燈 …………………………………………… 45

59. 收紙錠灰 …………………………………………… 46

60. 收蠟燭油 …………………………………………… 46

61. 賣豆腐花 …………………………………………… 47

62. 賣米花球 …………………………………………… 47

63. 賣燈草 ……………………………………………… 48

64. 賣冬菜 ……………………………………………… 48

65. 賣香蕉 ……………………………………………… 49

66. 賣生梨 ……………………………………………… 49

67. 賣餛飩 ……………………………………………… 50

68. 賣拌麵 ……………………………………………… 50

69. 銅匠擔 ……………………………………………… 51

70. 錫匠擔 ……………………………………………… 51

71. 糖炒栗子 …………………………………………… 52

72. 熱白果 ……………………………………………… 52

73. 收鴉片煙灰 ………………………………………… 53

74. 賣發財票婦女 ……………………………………… 53

75. 賣麻油 …………………………………… 54

76. 賣豆腐 …………………………………… 54

77. 賣煨熟荸薺 ……………………………… 55

78. 賣熟風菱 ………………………………… 55

79. 賣糍飯 …………………………………… 56

80. 賣燻臟燻肚子 …………………………… 56

81. 賣牛肉 …………………………………… 57

82. 賣貓魚 …………………………………… 57

83. 賣糖糕 …………………………………… 58

84. 賣糖粥 …………………………………… 58

85. 賣雞毛帚 ………………………………… 59

86. 賣掃帚 …………………………………… 59

87. 修棕楊 …………………………………… 60

88. 修洋燈 …………………………………… 60

89. 賣蛋 ……………………………………… 61

90. 賣甲魚 …………………………………… 61

91. 賣檀香 …………………………………… 62

92. 賣香斗 …………………………………… 62

93. 關亡 ……………………………………… 63

94. 算命 ……………………………………… 63

95. 賣桂花 …………………………………… 64

96. 賣佛手 …………………………………… 64

97. 賣鮮雞頭 ………………………………… 65

98. 賣柿子 …………………………………… 65

99. 賣洋棉紗線 ……………………………… 66

100. 賣廣東刨花 ……………………………… 66

101. 測字 ……………………………………… 67

102. 起課 ……………………………………… 67

103. 賣冬瓜 …………………………………… 68

104. 賣新薑 …………………………………… 68

105. 賣搔背扒 ………………………………… 69

106. 賣拂塵 …………………………………… 69

107. 賣髮子 …………………………………… 70

108. 賣花帶 ……………………………………… 70

109. 絜珠花 ………………………………………… 71

110. 包金法藍 …………………………………… 71

111. 賣洋翡翠首飾 ……………………………… 72

112. 賣眼鏡 ……………………………………… 72

113. 賣洗帚 ……………………………………… 73

114. 賣銅杓鑣刀 ………………………………… 73

115. 賣油炸檜 …………………………………… 74

116. 賣香脆餅 …………………………………… 74

117. 賣寧波腳帶 ………………………………… 75

118. 賣包腳布 …………………………………… 75

119. 賣水磨筷 …………………………………… 76

120. 賣帽刷 ……………………………………… 76

121. 相面 ………………………………………… 77

122. 隔夜數 ……………………………………… 77

123. 賣五香豆 …………………………………… 78

124. 賣醃金花菜 ………………………………… 78

125. 收火油箱 …………………………………… 79

126. 收舊貨 ……………………………………… 79

127. 賣黃柳頭 …………………………………… 80

128. 賣新米大白糖 ……………………………… 80

129. 彈棉花 ……………………………………… 81

130. 打鐵匠 ……………………………………… 81

131. 鋸木匠 ……………………………………… 82

132. 砌街匠 ……………………………………… 82

133. 賣香瓜子 …………………………………… 83

134. 賣發芽豆 …………………………………… 83

135. 賣重陽糕 …………………………………… 84

136. 賣菊花 ……………………………………… 84

137. 吹糖人 ……………………………………… 85

138. 揑粉孩 ……………………………………… 85

139. 烘山芋 ……………………………………… 86

140. 換糖擔 ……………………………………… 86

141. 賣金雀 …………………………………… 87

142. 賣蟋蟀 …………………………………… 87

143. 賣老鼠夾 ………………………………… 88

144. 賣鳥籠 …………………………………… 88

145. 賣蟹 ……………………………………… 89

146. 賣蝦 ……………………………………… 89

147. 糊裱匠 …………………………………… 90

148. 成衣匠 …………………………………… 90

149. 賣報人 …………………………………… 91

150. 賣小說 …………………………………… 91

151. 賣紙花 …………………………………… 92

152. 賣草蟲 …………………………………… 92

153. 賣洋布 …………………………………… 93

154. 賣線襪 …………………………………… 93

155. 賣朝報 …………………………………… 94

156. 賣山歌書 ………………………………… 94

157. 賣枕頭 …………………………………… 95

158. 賣絲綿褥子 ……………………………… 95

159. 刷帽子 …………………………………… 96

160. 織補衣裳 ………………………………… 96

161. 夾蚜子 …………………………………… 97

162. 釣鰻鯉 …………………………………… 97

163. 殺牛 ……………………………………… 98

164. 殺豬 ……………………………………… 98

165. 賣糖山楂 ………………………………… 99

166. 賣文旦 …………………………………… 99

167. 賣天津風爐 ……………………………… 100

168. 賣宜興茶壺 ……………………………… 100

169. 煎膏藥肉 ………………………………… 101

170. 做兜套 …………………………………… 101

171. 做斛子 …………………………………… 102

172. 釘秤 ……………………………………… 102

173. 羊肉擔 …………………………………… 103

174. 豬頭肉攤 ………………………………… 103

175. 切藥 ……………………………………… 104

176. 切麵 ……………………………………… 104

177. 敲胡桃肉 ………………………………… 105

178. 剪桂圓 …………………………………… 105

179. 方作匠 …………………………………… 106

180. 圓竹匠 …………………………………… 106

181. 賣茶壺桶拜墊 …………………………… 107

182. 賣腳爐窠草窠 …………………………… 107

183. 揀湖絲女 ………………………………… 108

184. 揀茶葉女 ………………………………… 108

185. 轎夫 ……………………………………… 109

186. 渡船夫 …………………………………… 109

187. 雕花匠 …………………………………… 110

188. 刻字匠 …………………………………… 110

189. 賣蘆花靴 ………………………………… 111

190. 推草鞋 …………………………………… 111

191. 賣柴 ……………………………………… 112

192. 挑糞 ……………………………………… 112

193. 揀雞毛 …………………………………… 113

194. 剝繭子 …………………………………… 113

195. 做笆斗 …………………………………… 114

196. 做飯籮 …………………………………… 114

197. 賣牛乳 …………………………………… 115

198. 賣馬乳 …………………………………… 115

199. 做香 ……………………………………… 116

200. 澆燭 ……………………………………… 116

201. 做檀頭 …………………………………… 117

202. 車木杆 …………………………………… 117

203. 紙紮匠 …………………………………… 118

204. 糊匣子 …………………………………… 118

205. 排字 ……………………………………… 119

206. 印書 ……………………………………… 119

207. 鑄鑊子 ……………………………… 120

208. 賣砧礦 ……………………………… 120

209. 賣累沙圓 …………………………… 121

210. 賣金團 ……………………………… 121

211. 刨旱煙 ……………………………… 122

212. 車玉器 ……………………………… 122

213. 做雨傘 ……………………………… 123

214. 做皮鞋 ……………………………… 123

215. 結網套 ……………………………… 124

216. 做胭脂 ……………………………… 124

217. 搖繩索 ……………………………… 125

218. 做椅墊 ……………………………… 125

219. 踏麵筋 ……………………………… 126

220. 磨坊司 ……………………………… 126

221. 裝佛匠 ……………………………… 127

222. 刻竹匠 ……………………………… 127

223. 毛毛匠 ……………………………… 128

224. 踏布匠 ……………………………… 128

225. 賣橘子 ……………………………… 129

226. 賣橙子 ……………………………… 129

227. 泥水匠 ……………………………… 130

228. 木匠 ………………………………… 130

229. 石匠 ………………………………… 131

230. 船匠 ………………………………… 131

231. 染坊司 ……………………………… 132

232. 紅坊司 ……………………………… 132

233. 做銅鎖 ……………………………… 133

234. 洋鐵匠 ……………………………… 133

235. 燒鹽 ………………………………… 134

236. 打米 ………………………………… 134

237. 瓦笪 ………………………………… 135

238. 銜牌算命 …………………………… 135

239. 剪襪底 ……………………………… 136

240. 紮鞋底 ······················· 136

241. 做繃萫 ······················· 137

242. 織帶 ························· 137

243. 做絨花 ······················· 138

244. 打絲線 ······················· 138

245. 敲石子 ······················· 139

246. 做竹籌 ······················· 139

247. 淘沙 ························· 140

248. 挑水 ························· 140

249. 做水煙筒 ····················· 141

250. 大旱煙筒 ····················· 141

251. 做竹簾 ······················· 142

252. 打金箔 ······················· 142

253. 挖煤 ························· 143

254. 牽礱 ························· 143

255. 殺羊 ························· 144

256. 釘馬腳鐵 ····················· 144

257. 做招牌 ······················· 145

258. 修鐘錶 ······················· 145

259. 做棕印 ······················· 146

260. 刻石碑 ······················· 146

261. 做洋鏡 ······················· 147

262. 做木梳 ······················· 147

263. 賣紅蘿蔔 ····················· 148

264. 賣水籮蔔 ····················· 148

265. 打笆 ························· 149

266. 做蘆席 ······················· 149

267. 拍小照 ······················· 150

268. 畫小照 ······················· 150

269. 刨方磚 ······················· 151

270. 做板箱 ······················· 151

271. 磨麻油 ······················· 152

272. 做塌餅 ······················· 152

273. 修義袋 ……………………………………… 153

274. 軋花 …………………………………………… 153

275. 挑冰 …………………………………………… 154

276. 賣黃泥 ………………………………………… 154

277. 揀羊毛 ………………………………………… 155

278. 做明角燈 ……………………………………… 155

279. 做墨 …………………………………………… 156

280. 做硯子 ………………………………………… 156

281. 賣菜 …………………………………………… 157

282. 賣胡蔥 ………………………………………… 157

283. 打銅箍 ………………………………………… 158

284. 拈金線 ………………………………………… 158

285. 裝自來火 ……………………………………… 159

286. 修電線 ………………………………………… 159

287. 摺書 …………………………………………… 160

288. 釘書 …………………………………………… 160

289. 摸螺螄 ………………………………………… 161

290. 賣水菜 ………………………………………… 161

291. 賣雪裏蕻 ……………………………………… 162

292. 賣乳腐 ………………………………………… 162

293. 郵政局信夫 …………………………………… 163

294. 碼頭挑夫 ……………………………………… 163

295. 獵戶 …………………………………………… 164

296. 漁戶 …………………………………………… 164

297. 做風箱 ………………………………………… 165

298. 做竹箱 ………………………………………… 165

299. 電車司機人 …………………………………… 166

300. 馬車夫 ………………………………………… 166

301. 打印子錢 ……………………………………… 167

302. 念三官經 ……………………………………… 167

303. 畫地圖 ………………………………………… 168

304. 寫牆字 ………………………………………… 168

305. 賣考籃 ………………………………………… 169

306. 做提籃 ……………………………………… 169

307. 做燭芯 ……………………………………… 170

308. 做燈籠 ……………………………………… 170

309. 賣波羅蜜 …………………………………… 171

310. 賣橄欖 ……………………………………… 171

311. 賣茨菇 ……………………………………… 172

312. 賣荸薺 ……………………………………… 172

313. 梳頭傭 ……………………………………… 173

314. 做假頭髮團 ………………………………… 173

315. 織緞子 ……………………………………… 174

316. 織布 ………………………………………… 174

317. 漂布司 ……………………………………… 175

318. 印花司 ……………………………………… 175

319. 做東洋車 …………………………………… 176

320. 做江北車 …………………………………… 176

321. 做寧波年糕 ………………………………… 177

322. 煎膏滋藥司 ………………………………… 177

323. 缸鬃擔 ……………………………………… 178

324. 磁器攤 ……………………………………… 178

325. 做戲衣 ……………………………………… 179

326. 打珠眼 ……………………………………… 179

327. 豆芽作 ……………………………………… 180

328. 賣芋頭 ……………………………………… 180

329. 賣魚 ………………………………………… 181

330. 賣肉 ………………………………………… 181

331. 蒸糕 ………………………………………… 182

332. 切水筍 ……………………………………… 182

333. 賣梅椿 ……………………………………… 183

334. 賣水仙花 …………………………………… 183

335. 賣雞 ………………………………………… 184

336. 賣鴨 ………………………………………… 184

337. 賣灶元寶 …………………………………… 185

338. 賣神膜 ……………………………………… 185

339. 賣冬青柏枝 ………………………… 186

340. 賣天竹臘梅 ………………………… 186

341. 賣元寶糖 …………………………… 187

342. 賣送灶轎子 ………………………… 187

343. 做年元寶 …………………………… 188

344. 寫春聯 ……………………………… 188

345. 賣元寶魚 …………………………… 189

346. 賣財神元寶 ………………………… 189

347. 調獅子 ……………………………… 190

348. 木人戲 ……………………………… 190

349. 做影戲 ……………………………… 191

350. 賣野人頭 …………………………… 191

351. 賣拳 ………………………………… 192

352. 變戲法 ……………………………… 192

353. 骰子攤 ……………………………… 193

354. 套扦子 ……………………………… 193

355. 做隔壁戲 …………………………… 194

356. 唱小曲 ……………………………… 194

357. 賣笛 ………………………………… 195

358. 賣和琴 ……………………………… 195

359. 賣扯鈴 ……………………………… 196

360. 賣�子 ……………………………… 196

361. 走繩索 ……………………………… 197

362. 穿扶梯 ……………………………… 197

363. 猴兒戲 ……………………………… 198

364. 賣西洋鏡 …………………………… 198

365. 說露天書 …………………………… 199

366. 耍貨攤 ……………………………… 199

367. 賣燈 ………………………………… 200

368. 賣炮焯 ……………………………… 200

369. 抽酒釀 ……………………………… 201

370. 搖碗 ………………………………… 201

371. 賣哈哈笑 …………………………… 202

372. 賣花紙 ························· 202

373. 說因果 ························· 203

374. 賣膏藥 ························· 203

375. 賣曆本 ························· 204

376. 賣月份牌 ······················ 204

377. 賣金鯽魚 ······················ 205

378. 轉糖人擔 ······················ 205

379. 賣氣球 ························· 206

380. 做班鼓 ························· 206

381. 做瓦筒 ························· 207

382. 製油灰 ························· 207

383. 剃面婦 ························· 208

384. 洗衣婦 ························· 208

385. 滾鞋口 ························· 209

386. 滾氈帽 ························· 209

387. 劃玻璃 ························· 210

388. 刻磁 ·························· 210

389. 裝自來水管 ···················· 211

390. 裝火柴匣女工 ·················· 211

391. 車大理石 ······················ 212

392. 打洋皮金 ······················ 212

393. 做繃篩 ························· 213

394. 賣蒸籠 ························· 213

395. 賣小甑糕 ······················ 214

396. 賣春卷 ························· 214

397. 收有字紙 ······················ 215

398. 拾荒 ·························· 215

399. 收生婆 ························· 216

400. 土作 ·························· 216

401. 走陰差 ························· 217

402. 宣卷 ·························· 217

403. 紮草薦 ························· 218

404. 鑿紙錢 ························· 218

405. 切白紙 ⋯⋯⋯⋯⋯⋯⋯ 219

406. 矼錫箔 ⋯⋯⋯⋯⋯⋯⋯ 219

407. 牽薑黃 ⋯⋯⋯⋯⋯⋯⋯ 220

408. 磨豆腐 ⋯⋯⋯⋯⋯⋯⋯ 220

409. 樵夫 ⋯⋯⋯⋯⋯⋯⋯⋯ 221

410. 漁翁 ⋯⋯⋯⋯⋯⋯⋯⋯ 221

411. 茶博士 ⋯⋯⋯⋯⋯⋯⋯ 222

412. 酒堂倌 ⋯⋯⋯⋯⋯⋯⋯ 222

413. 鑲牙齒 ⋯⋯⋯⋯⋯⋯⋯ 223

414. 推驚媼 ⋯⋯⋯⋯⋯⋯⋯ 223

415. 垃圾夫 ⋯⋯⋯⋯⋯⋯⋯ 224

416. 挑灰 ⋯⋯⋯⋯⋯⋯⋯⋯ 224

417. 製餳糖 ⋯⋯⋯⋯⋯⋯⋯ 225

418. 做酒 ⋯⋯⋯⋯⋯⋯⋯⋯ 225

419. 燒還魂料 ⋯⋯⋯⋯⋯⋯ 226

420. 鋸象牙 ⋯⋯⋯⋯⋯⋯⋯ 226

421. 賣黃藏赤豆糕 ⋯⋯⋯⋯ 227

422. 賣糟螺螄 ⋯⋯⋯⋯⋯⋯ 227

423. 寫招牌字 ⋯⋯⋯⋯⋯⋯ 228

424. 貼招紙 ⋯⋯⋯⋯⋯⋯⋯ 228

425. 古董客人 ⋯⋯⋯⋯⋯⋯ 229

426. 賣碑帖 ⋯⋯⋯⋯⋯⋯⋯ 229

427. 做銀罐子 ⋯⋯⋯⋯⋯⋯ 230

428. 做皮棍 ⋯⋯⋯⋯⋯⋯⋯ 230

429. 做銅泡釘 ⋯⋯⋯⋯⋯⋯ 231

430. 釘蜊殼窗 ⋯⋯⋯⋯⋯⋯ 231

431. 牽真粉 ⋯⋯⋯⋯⋯⋯⋯ 232

432. 做光粉 ⋯⋯⋯⋯⋯⋯⋯ 232

433. 賣藤鐲 ⋯⋯⋯⋯⋯⋯⋯ 233

434. 賣照片 ⋯⋯⋯⋯⋯⋯⋯ 233

435. 田夫 ⋯⋯⋯⋯⋯⋯⋯⋯ 234

436. 績麻 ⋯⋯⋯⋯⋯⋯⋯⋯ 234

437. 糊元絲錠 ⋯⋯⋯⋯⋯⋯ 235

438. 糊紗元寶 …………………………………………… 235

439. 賣彈弓 ……………………………………………… 236

440. 做號筒 ……………………………………………… 236

441. 做引線 ……………………………………………… 237

442. 賣綿綢 ……………………………………………… 237

443. 做骨牌 ……………………………………………… 238

444. 賣洋漆器 …………………………………………… 238

445. 馬販子 ……………………………………………… 239

446. 皮貨客人 …………………………………………… 239

447. 做鉛子 ……………………………………………… 240

448. 翻砂作 ……………………………………………… 240

449. 粥店 ………………………………………………… 241

450. 老虎灶 ……………………………………………… 241

451. 收豬油 ……………………………………………… 242

452. 做臘腸 ……………………………………………… 242

453. 搭涼棚 ……………………………………………… 243

454. 做蘆簾 ……………………………………………… 243

455. 賣河豚 ……………………………………………… 244

456. 賣蛇膽 ……………………………………………… 244

參考文獻 ……………………………………………… 245

第一章　一技一業總關情

宣統「懸捅」

晚清時代，內憂外患，民生凋蔽，國運日衰。皇廷內室人丁也日顯衰敗，以至血脈無繼。慈禧越位擅權，垂簾聽政，且與兒皇帝光緒政見不和，導致朝政紊亂，了無生氣。1908 年十月，光緒不幸生病，慈禧太后下旨，讓醇親王載灃的兒子愛新覺羅，溥儀送入皇宮教養。同時，任命光緒皇帝同父異母的弟弟載灃為攝政王。從皇室血脈算起來，溥儀是以光緒的侄子做為儲君接班。是年十月二十一日，光緒帝在瀛臺涵元殿溘然去世。三歲的溥儀就由乳母抱著走進了紫禁城。溥儀在《我的前半生》一書中，詳細的描述了他第一次見到慈禧太后時的印象。他說：

> 我和慈禧這次見面，還有點模糊的印象。那是由一次強烈的刺激造成的印象。我記得自己忽然陷入了許多陌生人之間，沒有了嬤嬤，也沒有了我習慣了的那間屋子，尤其可怕的是在一個陰森森的幃帳中，露出一張瘦削的老太婆的臉，醜得要命。據說，我一看見慈禧這副病容，立刻號啕大哭，渾身哆嗦不止。慈禧看我哭了，叫人拿冰糖葫蘆給我，不料我一把拿過來就摔到地下，連聲哭喊著：「要嬤嬤！要嬤嬤！」弄得慈禧很不痛快，說：「這孩子真彆扭，抱到哪兒玩去吧！」我入宮後第三天，慈禧去世，過了一個多月，即十二月初二這天，舉行了登極大典。（筆者按：宣統元年春正月初一（1909 年 1 月 22 日），清朝年號改元「宣統」）。

　　我後來聽人說，這個大典又被我哭得大煞風景。大典在太和殿舉行。所謂登極，就是我父親扶著我坐在寶座上，接受王公大臣文武百官的朝賀。在大典之前，照章要先在中和殿接受領侍衛內大臣們的禮（在大典上他們站列兩側，不便與文武百官一起朝賀）。我被他們折騰了半天，加上那天天氣奇冷，因此，當他們把我抬到太和殿，又把我放到又高又大的寶座的時候，這就超過了我的耐性的最後限度，這就難怪我不放聲大哭。我父親單膝側身跪在「寶座」下面，雙手扶我，不叫我亂動，我更掙扎著哭喊：「我不挨（待）這兒！我要回家！我不挨這兒！我要回家！」父親急得滿頭是汗，而文武百官行的是三跪九叩禮，磕起頭來沒完沒了，我的哭叫也越來越響。我父親只好哄我說：「別哭別哭，快完了，快完了！」典禮結束，文武百官可就竊竊私起來了。「王爺怎麼可以說什麼『快完了』呢？」「說要回家可是什麼意思啊？」……一切的議論，都是垂頭喪氣的。（見溥儀著《我的前半生》）

三歲登基稱帝的宣統皇帝。

宣統帝的父親醇親王載灃。

天災人禍

　　先說說宣統年間的天災。據《盛宣懷檔案》記載：宣統登基前一年，黃河決堤，滔天洪水一瀉千里，穿州過府，淹沒農田、沖毀城鎮，蓋沒開封，人為魚鱉。幸存數十萬饑民流離失所，為求生路，擁向江南，膏腴之地，頓成糜爛糞土。宣統二年四月，江浙、安徽大雨成災，連月不晴，稻穀黴爛，粒米成金。

至九月五日，安徽北數府，連年災饉，民情困苦。饑民聚眾起事，地方官吏動兵彈壓。同月，蘇北地區各州饑民搶糧。宣統三年，江淮大水，河南、安徽、江蘇該數省農田被淹300多萬頃，數萬人受災，兩萬多人饑死……。清人趙文點有《吟荒年七律二首》寫道：

> 人生不幸值凶年，鬻子賣妻實可憐。
> 累日未能供一飽，舉家無復望重圓。
>
> 黎民子遺滿路衢，兒別爺娘妻別夫。
> 斗粟貫錢隨人走，煙鬟霧鬢啼嗚嗚。

宣統年間黃河、江淮水患成災，餓殍滿野，千萬饑民擁入城鎮，導致百業凋零、民無生計。

再說「人禍」：宣統年間，除個別地區出現大小不同的饑民爆亂外，孫中山倡導的革命風起雲擁、勢如破竹。「大清要完」不僅是一語成讖，事實上，在溥儀的哭聲中，當時的革命風潮已勢如破竹、大有不可阻擋之勢。根據清政府檔案編寫的《清鑒綱目》記載：

> 光緒三十三（1907）年，秋七月。廣州欽州革命黨起事，攻陷陽城。
>
> 冬十一月。孫文、黃興合攻廣西鎮南關克之。
>
> 三十四（1908）年春正月。廣東緝獲日本輪船，私運軍火，尋命釋之。
>
> 三月。孫文、黃興遣其黨攻雲南河口克之。
>
> 冬十月，安慶炮營隊官熊成基起事……種種。

另據《辛亥革命史料》載：宣統元年十月初九，同盟會會員胡鄂公、熊得山、錢鐵如等在直隸保定組成共和會。與會者有天津、北京、保定、通縣等地代表及各學堂學生、新軍第六鎮士兵，共三千餘人，宣誓以推翻清朝專制統治，

建立共和國，全體加入同盟會。並相繼在北京、天津、太原、廣州、桂林、武昌等地設立分會，從事武裝反清活動。宣統二年（1910），同盟會會員倪映典與熊成基策劃廣州新軍在安慶起義，各營士兵紛紛響應，宣誓「願為革命戰死」，衝毀司令部，分三路攻打廣州城。九月初一日長沙光復，成立中華民國湖南軍政府。九月初九，鄒永成等聯合寶慶巡防營起義，攻佔府城，成立軍政分府……。

　　1911年10月10日，武昌起義的爆發，武力佔領武漢三鎮，清廷軍隊節節敗退，宣統朝廷無奈，再次起用袁世凱為湖廣總督。袁世凱首鼠兩端，與孫中山進行議和，達成協議。1912年2月12日，迫使隆裕皇太后攜宣統臨朝，以太后的名義發布了《退位詔書》。詔曰：

> 南北暌隔，彼此相持，商輟於途，士露於野，徒以國體一日下決，故民生一日不安。今全國人民心理，多傾向共和，南中各省，既倡議於前，北方各將，亦主張於後，人心所嚮，天命可知。予亦何忍以一姓之尊榮，拂兆民之好惡。是用外觀大勢，內審輿情，特率皇帝將統治權公諸全國，定為共和立憲國體，近慰海內厭亂望治之心，遠協古聖天下為公之義。

　　六歲的宣統就此遜位，從此，結束了大清三百年的封建統治，政體走向共和。「大清真的完了！」國民經濟在「內憂外患，天災人禍」的傾覆下也全面崩塌，平民百姓日所依賴的小農經濟型的「三百六十行」，從此也走入了日日衰弱的末路。家嚴陰寰公每每談到這段歷史時，總是調侃地說：「宣統這個年號起的就不好，朝廷的政權本來就懸，下邊還有那麼多人不停的捅，宣統、「懸捅」，捅來捅去，大清國能不完嗎？」

革命軍武昌起義，南北議和。

袁世凱出任民國大總統。

畫報雄起

　　晚清的無政府狀態，國計民生潦倒，市面蕭條，經濟崩潰。社會動盪、官貪吏墨、民怨沸騰，這到給報業的繁盛開創了一片新的天地。自同治十一年（1872）4月30日，《申報》正式在上海創刊，它以社會新聞為宗旨，吸引了無數讀者。而且文筆犀利，敢於揭露社會黑暗，為民請命，成了廣大黎庶心目中的一座警世鐘。尤其，在清政府推行洋務運動之際，民族報業紛紛仿傚，一時眾報林立竟如雨後春筍一般。風行一時的《時務報》《知新報》《國聞報》等，對中國近代思想啟蒙都發揮了重要作用。到了三歲小童主政的宣統時代，大廈將傾的大清帝國早已被她的臣民徹底拋棄了。清政府頒布的《大清報律》，聲色俱厲的強調「不得詆毀宮廷」、「不得妄議朝政」等清規禁令，也早已被人揚棄，而且出現了空前輿論的民主自由。加之歐風東漸，西方先進的石印技術和石印機的引進，使鉛字排版的文字報紙似乎已不能盡舒胸臆，而以繪畫為主的報紙便登上了歷史舞臺。

老《申報》時期的鉛字排版。

石印時期的描圖製版。

　　石版印刷技術最早是德國人阿羅斯・塞尼菲爾德（AloisSenefelder）在1798年發明的。其原理很簡單，即石印石吸水而拒油墨。製版簡化，可以用油性鉛筆直接在石印石上繪製。經過簡單處理，便能上機滾墨印刷了。最早將石印機引入上海，是歐美教會的牧師用來印製《聖經》，用以在華傳教。光緒十年（1884）英國旅滬商人美查採用石印技術，在上海創辦了中國第一種以圖畫為主、文字為輔的《點石齋畫報》。畫報「選擇新聞中可嘉可驚之事，繪製成圖，並附事略」，生動形象的反映了晚清中國社會環境全貌和西方奇聞趣事，為社會啟蒙起到了巨大的作用。《點石齋畫報》的成功發行，牽動了一股強大的畫報出版熱。從光緒中期到宣統末年，大江南北、京、津、滬、廣、南京、武漢乃至中小城市，都出現了規模不一的畫報刊物。如上海的《時事報館戊申

全年畫報》、《時事報圖畫旬報》、《民呼日報圖畫》，北京的《警世畫報》、《啟蒙畫報》、《北京畫報》，廣州的《時事畫報》、天津的《醒世畫報》等，都有著推動歐風東漸、普及科學、抨擊時事的進步作用。

宣統元年（1909），上海便出現了寰球畫報社出版的《圖畫日報》，它是我國第一家以日報的形式，每日一刊，發行量最大，發行時日最長，影響最大的一份畫報。

《圖畫日報》

1900 年庚子事變後，民族危機進一步加劇，擺在人們面前的已經不是求富求強，而是救亡圖存的問題。各種亡國歷史、傳記等紛紛出版，各種醒華、救華等言論也競相提出，各種畫報作為一種救亡圖存、啟蒙社會的途徑也就應時而生。《圖畫日報》作為晚清比較重要的畫報之一，似屬於上海道蔡乃煌控制的《輿論日報》、《時事報》系列。創刊於 1909 年 8 月 16 日，終刊於 1910 年 10 月，共出版了 404 期，出版圖畫多達 5000 多幅。

宣統年間發行的《圖畫日報》書影。

他的辦刊宗旨是：

> 本社同人以增長國民智識、開通民社風氣為己任，糾合同志數十人分任編輯、調查、攝影、繪畫諸事，期組織一文明有益之事業，貢獻於社會。（見《圖畫日報》發行前夕，上海環球畫報社在《申報》做的宣傳廣告）

　　《圖畫日報》的主要撰稿人為晚清進步文人孫家振、李涵秋、蔣景緘等，孫繼、張樹培、劉純等人則為畫報的主要畫師，他們一起設計了有十餘個常設欄目，各自擔綱，刊發的圖畫皆與社會時事有關。欄目中的《大陸之景物》、《社會小說》、《新智識之雜貨店》、《新聞畫》等一直貫徹始終。其中，以最接地氣、最直接反映了晚清最後兩年，平民社會日常生活的《營業寫真》影響殊著。據報刊史料記載：《圖畫日報》發行伊始，第一年以每月定價洋一元，一季度 2.8 元，半年 5.5 元，全年 11 元的價格，每期印數將近萬冊。第二年價格下調，以第一季度為 2.2 元，半年為 4.2 元，全年為 8.2 元的價格銷售。《圖畫日報》全盛時期，最高日發行量達到兩萬餘份。上海近、遠郊區，乃至無錫、韶興、常熟、餘姚、蘇州、杭州、金華、寧波、溫州、南京等地均有訂戶。近年來，發現日本東京也有當年訂購《圖畫日報》的記載。足見《圖畫日報》順應了時代的潮流，迎合國家救亡圖存的號召，是畫報備受歡迎的主要原因。此外，畫報以專欄形式的出現，使讀者觀之一目了然，內容清晰易懂。而且，每欄內容新穎悅目、繪製精良、圖文並茂、淺顯易懂的表達方式，也吸引了眾多的受眾。據說，當時公卿士大夫及紳商學界，無不手覽一紙，閱如日餐。即使婦人孺子、引車賣漿者流、識字不多者，也喜歡指畫求解，誠於社會頗有裨益。

《營業寫真》

　　《營業寫真》是《圖畫日報》重要的一個欄目，它的副標題是《三百六十行》。時人何以如此喜愛這一題材，而且百看不厭呢？正如拙作《三百六十行詳考》中所說：

　　　　從社會心理學的角度來看，人們對熟悉事物的留戀，對有可能消失或已經消失了的事物的回憶，是迴避動盪的現實，嚮往安定平靜生活的一種心態表現。越是生產力與生產關係激烈衝突，造成社會動盪不安之時，人們的這種自愈心態亦越為突出，形成群體的共識，便產生了共同的追求與愛好。從民俗學角度說來，「三百六十行」這一題材，源於生活，表現生活，服務於生活；內容活潑可愛、儀態萬千，是人們喜聞樂見，最適合不同層次的人群所接受。它具有廣泛的人民性。知識階層欣賞它，是將其視為千百年的文化積沉，民族的文化遺產，既是傳統，又是「國粹」；勞動階層欣賞它，是因為看到社會對其勞動的肯定；老人們欣賞它，從中可以咀嚼出舊日

的溫馨；兒童們喜歡它，是可以知道更多更生動有趣的故事；市井平民喜歡它，從中可以看到自己工作的身影，家庭主婦認真地端詳它，可以想起日間與小販爭斤鬥兩的情趣，而忍俊不已……。（見李德生《三百六十行詳考》）

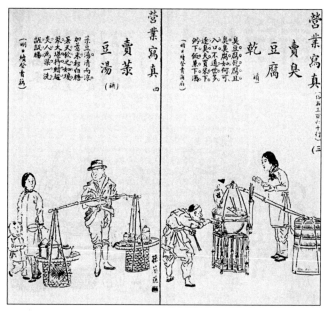

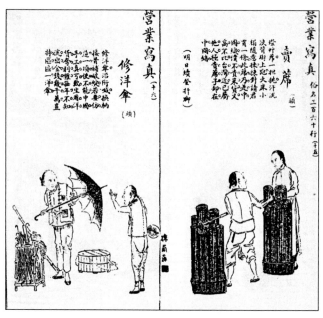

《圖畫日報》中《營業寫真》欄目的書影。

「三百六十行」這一課題證明了，存在於平民百姓中刻不能離的柴、米、油、鹽、衣、食、住、行，才是他們最熟悉、最關心的內容。試想，一位石匠、一位木工、或一位店鋪的小老闆在看報時，忽然看到各業同行們工作情景印到報紙上的時候，頓時會想到社會對他們勞動艱辛的認同，彼時的心情是欣慰？還是酸辛？還是無奈與淒涼？讀者堪解。從美學角度來說，「三百六十行」題材傳統、內容厚重；它描摹的是社會底層的負重與抗爭，聆聽著卑微者的憤怒與呻吟；它的主題是激越、悲愴、皆源於民眾的心聲。因此，它極具引人眼球魅力。

《營業寫真》從創刊第一號起，每天刊發兩則，兩年間，共刊登市廛456個行當，圖畫456幅。畫家以寫實的筆法，圖文並茂地描述了上海市井、市郊及江南一帶的黎庶平民、百工雜役、行商小販、引車賣漿者流的市廛交易，和下層百姓的經濟生活。也真實地反映出晚清在封建殖民主義的重重壓迫下，社會經濟低靡不振、民生窘迫的生活狀況。此外，畫家給每一行業配寫了俚詞俗曲，以借題發揮的奇思，嬉笑怒罵口吻，針貶時事，長舒胸臆。更是研究晚清最後兩年社會經濟生活不可多得的珍貴圖史資料。

畫師孫繼

據張若谷在《紀元前五年上海北京畫報之一瞥》統計，在《圖畫日報》任職或長期撰稿、投稿的畫師中有名有姓者有蔣景緘、解虛秉、孫繼、張松雲、劉純等人。有筆名者如式如、如蘭、紫祥、詠霓等，還有許多諱去姓名僅以一字落款者的畫師就更多了，因之失考。晚清廢除了科舉制度，斷絕了舊知識分子「學以致仕」的念頭，使他們的前途處於渺茫、徘徊之中。但依然有眾多保守的文墨之士認為：「以賣文鬻畫如乞食者，多為不屑」。而主繪《營業寫真》專欄畫師孫繼先生則不以為然，他欣然自許為「寫真記者」，而敢為天下先矣！

孫繼何許人也？晚清專職畫家可考的文字甚少！唯楊逸在《海上墨林》一書中，存有介紹孫繼的隻言片語。依此得知，孫繼係上海人，字蘭孫。生於清穆宗同治九年，歿於民國十四年（1870～1925）。他幼讀私塾，喜繪畫，私淑清末畫家改琦和《點石齋畫報》的主筆吳友如。成年後，多受傳入中國的西洋畫風影響，將透視學、素描和漫畫的筆法吸收到自己的創作之中。在他的畫作中，運用傳統的技巧的同時，強調畫境的空間層次變化，用以繪製樓臺建築別有風格。這一特點可以在他繪製的《大陸之景物》中窺見一斑。其更為擅長的

是用恣肆浪漫、揮寫自如的白描手法，以墨線勾勒人物、物象，不著顏色、出神入畫。這一特點，在他主筆的《營業寫真》中得以充分的發揮和社會的認同。孫繼在加盟《圖畫日報》時正值盛年，有著極強的創作慾，能承擔起日繪兩至三圖、從不間歇的出版任務。兩年間創作之多，足證其具有功力非凡的創繪能力。孫繼在《營業寫真》中的每一頁畫面上，均以「孫蘭蓀」或「蘭蓀」之名落款，乃是畫家的自歉。其意取自唐代詩人李商隱的名句：「年年芳物盡，來別敗蘭蓀」。以此，自比小池邊上的一株菖蒲，無意爭春之意。

孫繼（孫蘭蓀）不僅善繪人物仍擅繪風景，以上兩圖係孫繼所繪上海和滬郊之風景。

民生淒苦

細讀孫蘭蓀繪製的《營業寫真》中的每一頁畫面，都能看出清末年間的市場蕭條和民生的淒苦。「大清國快完了」的街談巷議，在市廛營業當中也隨之再現。常言道：「舉止辯人行跡，衣冠知人貴賤」。在孫蘭蓀筆下所繪的一千五百多個市井人物當中，頭戴風帽、身著貂裘、長袍，下著福字履的「老太爺」類的人物，頭戴瓜皮小帽、身著長衫、腰繫荷包、頭拖長辮的中產角色並不多見，似乎只占百分之五、六耳。而充斥畫面的行商小販、引車賣漿、肩挑背扛、提籃小賣，以及技者、藝者、苦力為生的從業者，則占百分之八、九十，這類人的衣著在前人的畫卷中則比較少見的。例如，男人穿的汗褡，亦稱坎肩，土粗布製作、無領、前胸繫疙瘩扣，兩腋透露，赤膊穿在身上，僅能遮蓋前胸後背，四處透風，即可排汗又可透風納涼，最適合以出賣勞動力的窮漢穿用。又如，男人下身著用的「緬襠褲」，其特點就在於襠部寬鬆肥大。穿著時腰部相疊，然後用褲腰帶繫實，外觀並無褲筒、褲線，但襠部空間寬闊、不受均束，

排汗、大小便均很輕鬆方便，是彼時男性勞動者必著之物。還有一種過膝或不過膝的短褲，他是從古代「犢鼻褲」演化而來，是夏季勞動人民，尤其是長期與泥水打交道的小販與苦力必著之物。此外，還有一種獨特的「套褲」，上半部沒有褲腰，沒有屁股，也沒有褲襠，只有兩條褲腿兒。褲腿兒的前上部各縫有一個絆兒，穿用時，先穿上一件單褲，再用褲腰帶穿上套褲的褲絆兒，往腰間一系即可，如同穿著兩條褲子，露出臀部及上腿後面上部。在幹活時不磨褲腿，保護褲子和腿部不被劃破劃傷。即可禦寒，又便於勞作。「套褲」分夾套褲和棉套褲兩種，是貧苦人分別在秋、冬兩季穿著。據考，這種褲子起源於漢代，是從「無襠褲」衍化而來。這種套褲因形式簡陋，有失「大雅」，稍講面子的人是貴賤不穿的。至於鞋子，下層勞動者多不講究，在圖中見到的多是破布鞋、拖拉鞋、草鞋，甚至裸足、赤腳。彼時，男人尚未剪辮子，能拖著光潔的長辮子的還多是小康之家的男性。而終日奔波於艱難生計的男人，為了方便起見，大多將髮辮盤於額頭或腦後，成了怪裏怪氣的「雞蒄頭」。以上這些「奇裝異服」在孫蘭蓀的筆下俯拾皆是。

小販夏天穿的汗褡。　　小販秋天穿的夾套褲。　　小販夏秋穿的短褲。

賣藝人冬天穿的棉套褲。　　　　　女子小販和市民婦女放開的白薯腳。

　　《營業寫真》中的婦女形象，如梳有光潔的油頭，上身穿著整潔的長裳、坎肩或飯丹，下系齊腳的馬面裙或百摺裙的貴婦，也是少的可憐，概只有十幾位，在一千五百多人的造像中只占千分之四五。而身著短衫、下穿長褲和過膝短褲的婦人則占婦人群中的百分之九十以上。在封建制度的束縛和壓迫下，道學家們要求女人正襟潔裳、「大門不出、二門不邁」。身著短衣長褲的女人多是婢女下人、村婦野黎的裝束。其實，對於平民百姓的婦人來說：「開門七件事，柴、米、酒、鹽、醬、醋、茶」，無一不親顧，無一不操心。對內侍奉公婆、廚房公事。對外出頭露面、街巷奔波，與小販爭斤鬥兩，與爛蔥雞吵鵝鬥，無日可以迴避，且阮囊羞澀，無心修飾，短衣膝褲便是常服。何況還有許多為生計拋頭露面、混跡市廛的婦女，有衣褲遮體已算幸事了。談及足下，《營業寫真》中婦人除少數保持纖足之外，更多的已是「白薯腳」。「白薯腳」俗稱「解放腳」。清代漢族婦女講究從小裹腳，長成後的「三寸金蓮」最為名貴。但貧賤家庭的婦人何能享其尊榮！「戊戌變法」期間，康梁倡導的「天足運動」深入民心，慈禧太后為此也頒發了「懿旨」，赦令漢人婦女放足。率先響應的便是下層勞動婦女和平民百姓家的眷屬，放足，拋棄裹腳布，讓裹成一半的金蓮解放出來。於是，在宣統年間的尋常街巷裏，就出現了很多的未能縛成「三寸金蓮」的「白薯腳」。這一景致，在孫蘭蓀筆下的就別有一番風光。

生計艱難

　　所謂「營業」，就是買與賣的交易活動。所謂「寫真」，則是現場直錄，如

同攝影照像一般。孫蘭蓀在創作「營業寫真」專欄，可以說是嚴格遵循這一主旨的約束。他所繪製的每一行業，每一椿交易，或工匠的製作或修理，或市場小販的買或賣，均有真實的現場感。他所繪製的 456 幀繪畫中，全都採用了平行透視法，並無舊日鳥瞰的臆想構圖。所以，十分親民，極接地氣，在照相術和照相製版尚不發達的時期，這種「寫真」畫法更有著圖史的價值。

　　我們在整體閱讀《營業寫真》時發現，畫中並無高樓大廈，亦無洋行、票號、銀樓、貨棧等大型的店面生意，諸多的都是小鋪細店、民資小棧和前店後廠的小買賣，如棉花店、鐵匠棚、大車店、油坊、粉坊、醬坊、染坊、藥鋪、筐簍棧、雜貨店、煙酒店、肉食店等等。前邊有門臉，有一兩夥計支應櫃檯的，諸如繩子鋪，織補店、估衣鋪、裱糊鋪、燭坊、裁縫鋪、南紙店等。其中，也有坐店經營、懷技待沽者、如「五行」中的車、船、店、腳、牙：「八作」中的金、銀、銅、鐵、錫、木、土、石，有需求者方能使技，無顧客只能白耗精神。更多的是些小本錢的小販，如賣炭的、賣糧米的，賣瓷器的、拉黃魚車的、拉黃包車的、扛房、窩脖、搬運的種種苦力行徑。「賣漿」行中，有賣水的、賣豆漿的、老虎灶、賣大碗茶的、賣酸梅湯、賣豆汁、賣刨冰等，都是連湯帶水的小買賣。因為本小利微、一向被人看不起。也被人輕賤的是吆喝叫賣一類的小生意。多是叫賣糖果、賣小吃食、賣餑餑、賣白水羊頭肉、賣山楂糕、賣驢打滾，賣秋梨的、賣紅果的、賣花生瓜子糖豆的，他們都是在胳膊上挎一小籃，籃上苫塊藍布，走街串巷、邊走邊吆喝。此外，還有不少沒有本錢的生意，如打把式賣藝、變戲法、跑馬戲，打花鼓、唱新聞、蹟蹺、說書、唱曲、耍猴兒、耍狗熊、唱完趕緊收錢，但憑聽眾給多給少，都得樂樂哈哈地揖首稱謝。如果一遇颳風下雨，人頭散去，收不著錢可就「歇牙」了。市井中，還有一種原始性的交易——以換易物，多用在換取燈、換胰子……等等，都是城市貧民的一種小生意。這行人肩上挑的筐很破舊，但十分地結實。他們一路吆喝著：「破爛兒，我買——」，聲音沙啞悽楚，遠遠聞之，分外悲涼。收購的東西，皆是住家什戶中廢棄無用之物，如：破書破本、廢銅爛鐵、破鞋爛襪、舊瓶子、碎玻璃、破桌子、爛板凳、破鍋、漏壺，橘子皮、碎骨頭種種多餘的東西。自然，這些破書爛紙可以送到造紙廠，漚成紙漿造紙。廢銅爛鐵可以賣給鐵匠鋪，再入熔爐熔煉重鑄。收來的破衣碎布，尺寸較大的可以賣給袼褙作坊，打袼臂、納鞋底，做鞋墊；破布條子，則送到鋪陳市，去捆擦地板的墩布條子等等。「窮幫窮」也是「三百六十行」中的一支門類，這一行人都是市井中的窮

苦人，為窮苦人幹活兒，掙的是窮苦人的錢。諸如縫窮的、打草鞋的、拾毛襤、撿破爛兒的……等等。

這些行當在孫蘭蓀的筆下，看不到臉上有一絲笑容，買方也好，賣方也好，莫不為錙銖求利，苦苦掙扎、一天下來只能掙來二斤棒子麵，養家糊口，難得溫飽。百業蕭條、平民百姓每日都掙扎在生死線上。更加天災人禍不斷，南北流民成千上萬擁入城鎮，餓殍滿地、啼飢號寒。末路黎庶、日受煎熬，如螻蟻處在蒸籠之中，命隨氣斷，朝不保夕。清代詩人俞樾有《流民歌》云：

> 不生不死流民來，流民既來何時回？
>
> 欲歸不可田無菜，欲留不得官吏催。
>
> 今日州，明日府，千風萬雨，不借一廡。
>
> 生者前引，死者臭腐。
>
> 吁嗟乎！流民何處是樂土？

在孫蘭蓀筆下的諸行諸業，皆都斷井頹垣、坊棧破敗，人物則無精打彩，恍如木偶人型。再無雍正年間焦秉貞繪《耕織圖》、乾隆年間方薰繪《太平歡樂圖》、《棉花圖》和無名氏《京師百業圖》中各行各業的人物，一脈聲歌、蒸蒸日上的光澤與風采。

竹枝俚語

孫蘭蓀所繪《營業寫真》的另一特色，是每幅圖畫都配有一、兩首《竹枝詞》或《土語俚詞》。這些《竹枝》和《俚詞》或是用來描寫該業的技能、特點，要麼是借題發揮、針貶時事，要麼冷嘲熱諷、抨擊政治，藉以舒發胸臆，以詩圖言志。例如開篇描寫的《賣西瓜》：

> 西瓜形圓如地球，販夫擔著街頭走。切成零塊最驚心，何堪現象瓜分觀。籲喵乎，我欲警告賣國奴，莫把祖國山河當作西瓜剖。

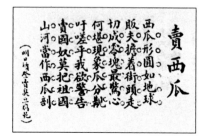

題在營業寫真上頗有諷刺意義的竹枝俚詞。

前半闋寫的是「西瓜圓如地球」，可話鋒一轉，箭指「賣國賊」，別把大好的山河當成西瓜一樣，切成一塊一塊的賣了！一片愛國之心，躍然紙上！又如寫《賣香燭》：

> 廟門擺個香燭攤，靠靠神道吃碗飯。那知聰明正直乃謂神，豈喜香煙繚繞燭爛煌。神道倘真愛香燭，受爾香燭降爾福。世上違條犯法人，只要燒香便免遭刑戮。

詞中諷刺了官制的《刑法》都是為忠厚老實的百姓制訂的。而對於那些有權有勢的不法之徒全然無用。只要他們找好門路去「燒香行賄」，便不會免遭刑戮，和法律制裁。再如詠《修缸補甏》詩中說道：「漏洞可塞急須塞，莫到厎破塞不得，世間坐視漏厎不塞人，應對修缸補甏無顏色。」反映出清末愛國的知識分子對洋人用煙草、洋藥、洋表、洋貨賺走中國白銀無數，坐視國衰的官員和賣辦如不抓緊杜塞漏厎，簡直還不如修缸甏的工匠哪！

第 85 篇《賣掃帚》寫道：「掃帚一物家家有，打掃房屋除塵垢。蘆花軟熟竹枝剛，更有高粱與棕帚。」接著作者長歎：「嗟嗟國恥難掃除，愴懷時事每唏噓。」於是大聲疾呼：「安得有人持鐵帚，掃平多難快何如！」在封建帝國即將傾倒之際，這位詩人畫家孫蘭蓀與同時代的中國人一樣殷切地企盼新時代的到來。因之這一大套《營業寫真》即《三百六十行》與其他的《三百六十行》不同，更有研究的文化價值。因此，筆者對其進行簡析的同時，集圖成冊，一併刊出。

鄭板橋有詩云：「衙齋臥聽蕭蕭竹，疑是民間疾苦聲。些小吾曹州縣吏，一枝一葉總關情。」筆者有感於畫家繪製《營業寫真》時良苦用心，遂改寫了板橋《題竹》末句做為書名，即「一技一業總關情。」

李德生

寫於 2024 年新春早櫻含蕾欲發之時的溫哥華寓中

第二章　晚清市廛浮世繪

1. 賣西瓜

　　西瓜形圓如地球，販夫擔著街頭走。切成零塊最驚心，何堪現象瓜分觀。吁嗟乎，我欲警告賣國奴，莫把祖國山河當作西瓜剖。

2. 賣涼粉

　　涼粉涼粉，三文一碗。倘嫌不涼，再加冰塊。只愁富貴熱中人，飲之未必心涼快。

3. 賣臭豆腐乾

臭豆腐乾腐且臭，臭腐如何可人口。不道世多逐臭夫，買來下粥下飯兼下酒。

4. 賣綠豆湯

綠豆湯，清而涼，加薏米，和白糖，飲之如瓊漿。大堪持贈趨炎人，為渠一洗醒醒腸。

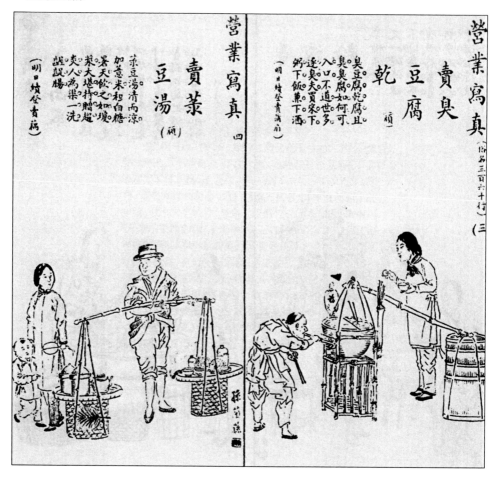

5. 賣蒲扇

蒲葵扇，頗不惡，片月入手風在握。為底世人用者稀，只因價賤遭奚落。

價賤便遭當世棄，物猶如此堪錯愕。無怪滑頭個個吹牛皮，聲價高拙善做作。

6. 賣藕

嫩塘藕，白如雪，入口又甜又清潔。只愁藕斷絲每連，蝕有金刀不易切。

歡場食此合心驚，情思縷縷何時絕。

7. 縫窮婆

縫窮婆，出揚州，手提筐籃生意兜。緯針補綴不辭苦，生計日與十指謀。

嗤彼街頭醜業婦，爭奸取憐博纏頭。得資雖易誓不屑，清白肯貽門戶羞。

嘻嘻吁，兩兩相較分薰蕕。

8. 賣水蜜桃蟠桃

水蜜桃，甜如蜜，蟠桃之甜更鮮潔。仙家謊稱蟠桃開花結子須要三千年，誰知當年開花當年結。可見神仙荒誕不足憑，那有蟠桃大會群仙集。

9. 賣蘆粟

崇明蘆粟著根甜，口中叫喊肩上掮。兩目睽睽看巡捕，蹀躞街道防罰錢。
擔驚受怕不值得，一捆能賣幾個鈿。養家活口賺不出，算來小販真可憐。

10. 走方郎中

說真方，賣假藥，江湖郎中會劃策。內症外症樣樣醫，夾切開刀瞎診脈。
古云藥醫不死病，死病難醫真的確。只要金針玉律奉此言，便可欺騙嚇過
日腳。

11. 賣花

賣花賣花聲細長，珠蘭茉莉夜來香。筠籃一隻手中挽，出入公館與宅堂。喊啞喉嚨少人買，只因小姐奶奶多改文明妝。

文明妝飾辮一條，不須花朵插鬢旁。明朝多紮花球鈕子花，賣給文明女子送與文明郎。

12. 更夫

剝剝剝，錚錚錚，一更一更復一更。敲更本為防盜賊，乃使盜賊先聞聲。貧無聊賴始業此，騙錢博個巡夜名。如今警察成立不用汝，只好城門洞裏改當烏煙兵。

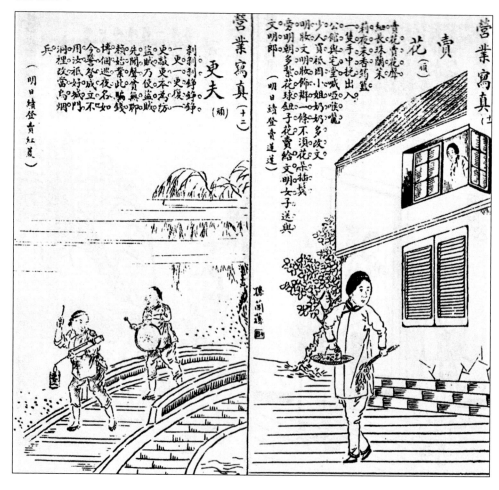

13. 賣水紅菱

紅菱殼，瘦而尖，紅菱肉，嫩且甜。昔人以之比小腳，裙邊風味動愛憐。

而今纏腳已嚴禁，圓膚六寸不尚紅菱妍。否則閨人惱煞小紅菱，如何挑在人家肩。

14. 賣蓮蓬

新鮮蓮蓬清心火，生吃鮮甜熟吃補。孩童一見最心歡，為有蓮蓬梗子好把煙筒做。

孩子如何可吃煙，既傷腦筋又費錢。君不見，外國小孩俱有吸煙禁，為怕習慣成自然。

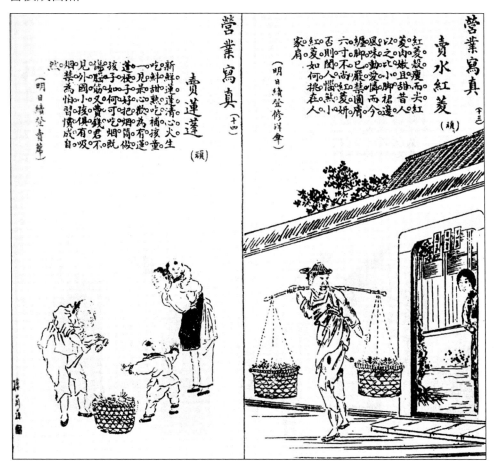

15. 賣席

燈草席，一擔挑，汗流浹背街上跑。大床小榻隨意揀，揀對請君買一條。此席乃是中國織，價不貴來貨又高。不比臺灣近已屬他人，極貴席子卻在中國銷。

16. 修洋傘

修陽傘，沿街喊，換柄接骨補破綻。若要仿造一頂便不能，中國手工真可歎。

坐看洋貨奪利權，每年不知流出金錢幾千萬，豈特區區一洋傘。

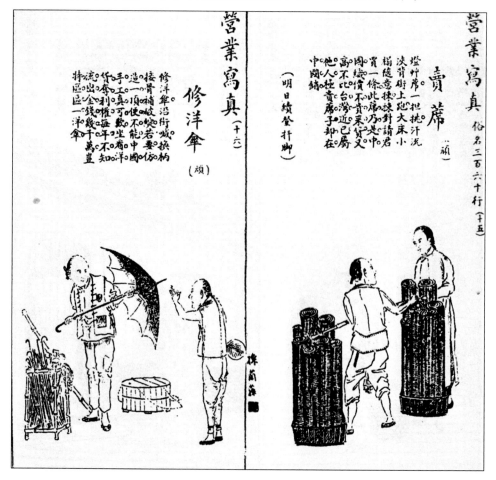

17. 剃頭

句容剃頭笪老四，練就一手好本領。敲背扒耳真名工，更兼修面修胡子。只愁世界滑頭多，一條辮子難服伺。又要鬆來又要光，擔上沒有許多刨花水。

18. 扦腳

扦腳扦腳，矮凳一隻。見官見府，公然坐著。末等行業，頭等闊綽。老繭雞眼細細扦，腳凹臭氣何曾覺。

昨夜夢中聽灘簧，扦腳做親真風光。醒來癡想可有文明女子來扦腳，自由結婚招我做新郎。

19. 東洋車夫

　　東洋車夫煙鬼多，要想吃飯沒奈何。走得遲慢坐客怒，停得尷尬巡捕呵。有錢不該貪懶惰，無錢應得勞奔波。不見戲中蹩腳大少爺，現形竟把車來拖。

20. 小車夫

　　江北小車真難推，一碰就要翻轉來。跌痛坐客要發火，碰壞貨物真倒楣。湖絲阿姐好大膽，朝出暮歸把小車坐。一車坐了許多人，大家不怕元寶翻。

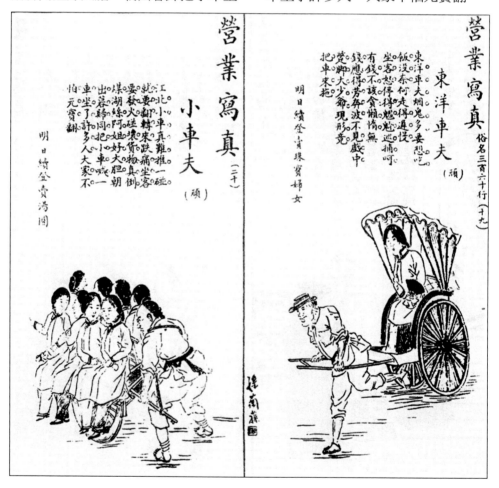

21. 賣珠寶婦女

　　珠寶生意真好做，半賣嘴巴半賣貨。望天討價叱咤乎，還說便宜買得過。姨太太，老太太，好大小姐少奶奶。滿口叫得亂如麻，今朝阿要買點啥。

22. 賣湯水圓子

　　湯水圓子熟粉做，又是白來又是糯。滴溜滾圓討歡喜，吃仔不會肚裏餓。莫笑區區賣湯團，此中也有大老倌。不見上海未倒六總會，包車高坐湯水圓。

　　湯水圓以糾會起家，高坐包車，招遙過市，後以會倒，依舊赤貧。林步青曾編湯水圓灘簧，描摹細緻，滬人樂聽之。

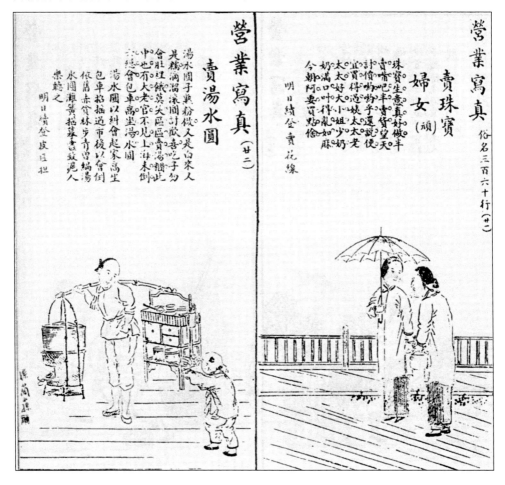

23. 皮匠

皮匠司務真正臭,勿會做新只修舊。圓底方蓋一副擔,挑著無言街上走。近來街上皮鞋多,一破難修無奈何。莫怪連朝生意少,得錢不夠養家婆。

24. 賣花線

貨郎兒,賣花線,肩背小箱走街面。丁當搖動喚嬌娘,引出嬌娘門口見。嬌娘宜笑復宜嗔,價要便宜貨要新。僥倖貨郎多豔福,生涯常與美人親。

25. 叫哥哥擔

　　叫哥哥，蟲名奇，老老少少多要叫長你。販夫捉入篾絲籠，卻把哥哥賣得錢無幾。暑天越熱叫越狠，一到秋涼聲便喉。乃知爾是趨炎蟲，不比秋蟲能把人來警。

26. 唧兒攤

　　唧唧復唧唧，唧兒聲清絕。引得孩童撮口呼，要使秋蟲叫不歇。玻璃匣，牛筋籠，花錢買來藏此蟲。藏此蟲，能過冬，飼以硃砂拌飯蟲腹紅，婦女莫疑是守宮。

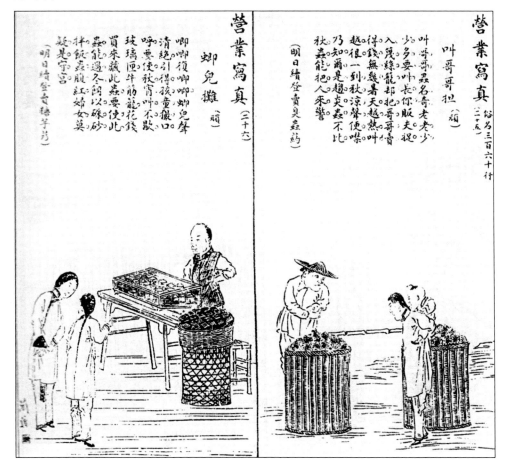

27. 賣臭蟲藥

臭蟲藥，外洋到，或水或粉俱說真靈效。果使能將醜類殲，安枕夜眠殊大妙。

臭蟲亦名富貴蟲，奈何吸人膏血饑來充。不義富貴之人將毋同，安得殺除亦仗靈藥功。

28. 賣糖芋艿

糖芋艿，甘而腴，入口絕無渣滓餘，小兒嗜食每覿覦。倘或以之餽婦女，切莫戲呼精燒芋，並且光光大忌齋僧侶。

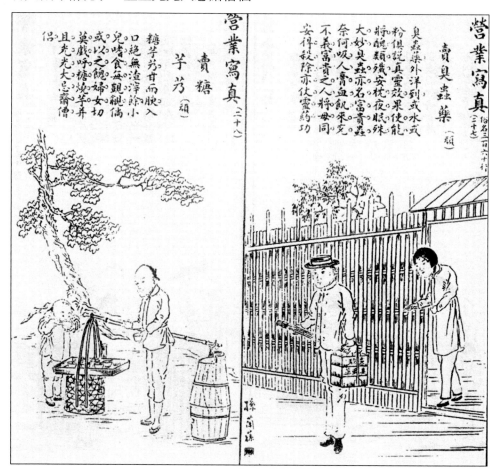

29. 賣香燭

廟門擺個香燭攤，靠靠神道吃碗飯。那知聰明正直乃謂神，豈喜香煙繚繞燭爛縵。神道倘真愛香燭，受爾香燭降爾福。世上違條犯法人，只要燒香便免遭刑戮。

30. 賣長錠

長錠原是錫箔做，紙糊東西騙人貨。燒入陰司化作錢，愚夫愚婦何其誤。大小月底長錠燒，此風之開由妓僚。營業不正將鬼搗，奈何公館宅堂尤而效。

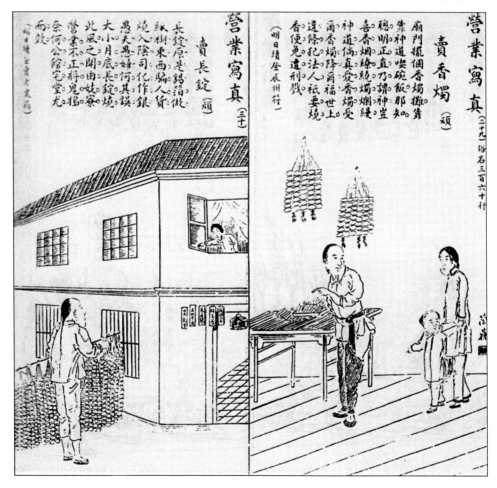

31. 辰州符

祝由科，出辰州，七十二科妄說他為頭。與人看病不吃藥，只要靈符一道疾便瘳。符籙果能醫得病，自家有病為甚難逃命。就是圓光搖會也騙人，奈何愚夫愚婦偏相信。

32. 賣老鼠藥

鼠子覓食可惡毒，亂齧器物與衣服。市中有藥能斃爾，更比狸奴捕爾速。我聞倚勢害人之人曰社鼠，社會受毒不下汝。何妨人人予以藥一包，以示鼠輩難饒恕。

33. 賣煨熟藕

　　煨熟藕，文火燒，中貫糯米多滋膏，和以白糖滋味高。熱熟藕，切成片，七孔八孔圈兒現，孔中米粒嵌成筆管梅，彷彿天花將吐成麻面，莫教麻面人瞧見。

34. 賣碗裏糕

　　福建小郎心工妙，磨粉製成碗裏糕。又白又鬆又輕巧，一塊兩塊吃不飽。此物最宜小寶寶，買糕騙他不要吵，絕勝雪白饅頭初發酵。

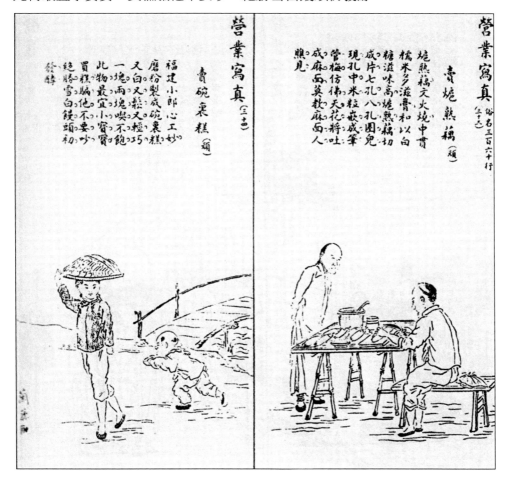

35. 舊衣攤

　　舊衣攤上舊衣多，原當東西便宜貨。顏色已退重染過，線腳不牢重新做。倘有碎洞好織補，式樣不時一改就實落。若然買得褲子褲襠破，最好挖去褲襠做套褲。

36. 賣女鞋子

　　赤舄几几不多見，文明女鞋乃出現。大大小小盡揀選，若是無錢還好欠。中國女子向稱好針線，那曉近來世風變。鞋子不做只貪便，不管這般懶惰人輕賤。

37. 修缸補甏

　　修缸補甏真名工，勿怕七穿與八洞。使它已碎復瓦全，滴水不漏包好用。漏洞可塞急須塞，莫到厄破塞不得。世間坐視漏厄不塞人，應對修缸補甏無顏色。

38. 箍桶

　　箍桶司務本領高，篾刀一把篾幾條。百碎桶件多好箍，篾圈一個圈得牢。目今世界破損多，金甌欲缺安得大匠箍。莫似造屋誤請箍桶匠，才力不及無奈何。

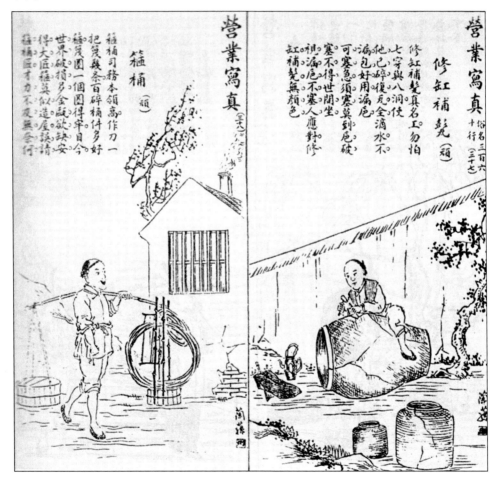

39. 捉牙蟲

阿要捉牙蟲，捉去牙蟲牙不痛。阿要捉牙蟲，滑頭蠕蠕動，西醫發明齒科學，牙痛無蟲只有藥，西洋鏡子被拆穿，從此騙錢騙勿著。

40. 賣鹽婆

鄉婦貧窮將鹽販，賣鹽賣鹽沿街喊。一斤只賺幾文錢，犯法違條要吃飯。鹽綱不振私販多，槍船林立起風波。寄語緝私須把私梟捉，莫捉賣鹽鄉下婆。

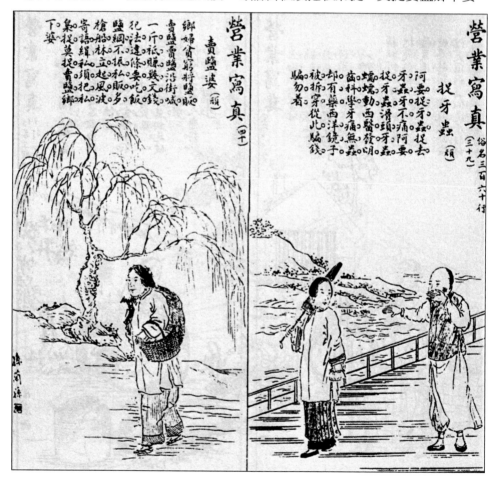

41. 賣花紅

　　天津花紅好來路，不熟不生真嶄貨。入口並不澀舌頭，爽脆鮮甜吃得過。花紅好個吉利名，此名商界最歡迎。年年只望生涯好，得把花紅分幾成。

42. 賣白蒲棗

　　白蒲棗，湖南好，肥大多，乾癟少，上口噴鬆不要言方曉。只嫌下肚易生蟲，小兒食之禍不小。一旦倘教疳積成，害人不淺如何了。我欲警告賣棗人，不如棄行另把生意找。

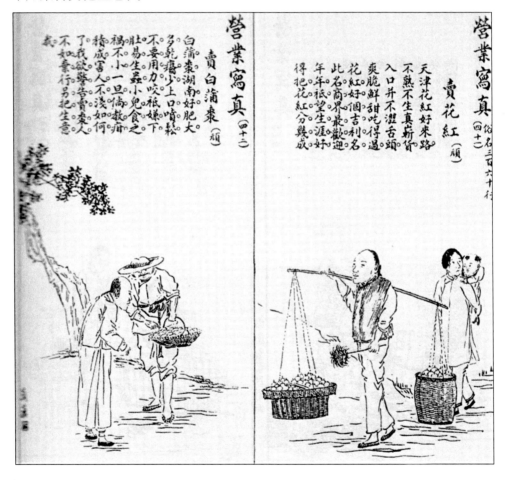

43. 磨剪刀

削刀磨剪刀，肩揹凳一條。手執驚閨葉，錚錚沿路搖。有女開門喚磨剪，磨快剪刀剪衣片。卻恨年年作嫁衣，為人空自忙針線。

44. 補鑊子

生鐵補鑊子，練就好本事。能教破鑊復完全，好燒飯燒菜燒開水。

世界近有銷金鍋，此鍋無底銷金多。鍋多安能設法將它補，不使銷金喚奈何。

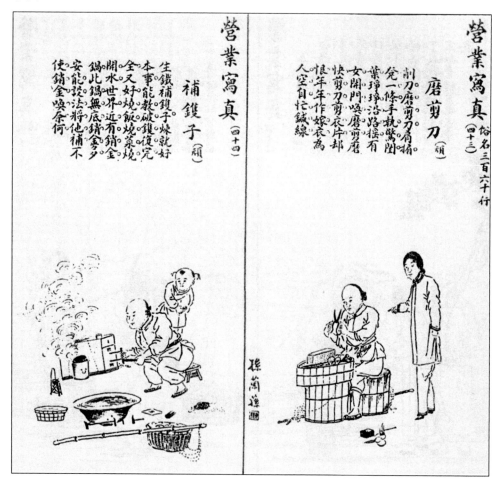

45. 賣沙角菱

　　沙角菱，小而老，愈老愈鬆味愈好。銅鍋煮就木桶裝，熱氣騰騰桶口冒。吃沙角菱熱吃妙，一冷便覺無味道。只愁刺手菱角尖，又熱又疼勿入調。

46. 賣五香百果糖

　　五香百果糖，此糖出現天風涼。玫瑰百果製為餡，食之兼有芝麻香。糖擔有籤近賭博，搭配牌九輸贏速。應戒兒童切莫去抽糖，父母須當嚴管束。

47. 換碗擔

換碗換碗街頭喊，五彩青花隨意撿。只換東西不賣錢，任爾錢多不入眼。
世上見錢開眼人，可歎不如一小販。多多少少盡要拿，差對街頭換碗擔。

48. 賣梨膏糖

小鑼鎗鎗敲，門外賣糖到。提起喉嚨唱幾聲，阿吃百草好梨膏。梨膏消疾
又止嗽，吃糖還比吃藥高。賣糖雖然小生意，瞎三話四也要嘴巴好。

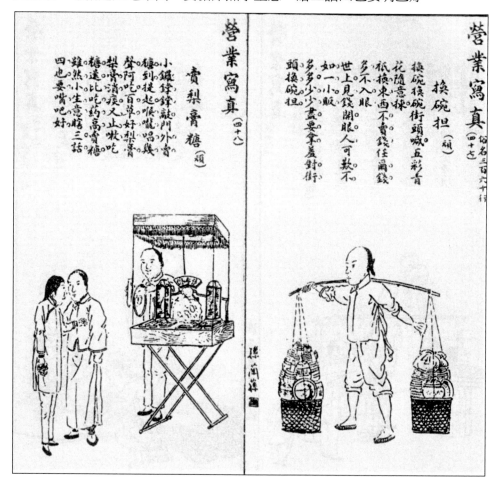

49. 賣筆

賣筆先生湖州人，水筆旱筆包內分。長衫一件不肯脫，雖然小販仍斯文。近來西字用鉛筆，羊毫兔毫不甚習。先生賣筆不棄行，保全國粹心何切。

50. 賣布

鄉婦高聲喊賣布，此布卻是本機做。我人若有愛工心，共應出錢買土貨。鄉婦近來思想新，也能機上織毛巾。攜來一併街頭賣，摹仿洋機略救貧。

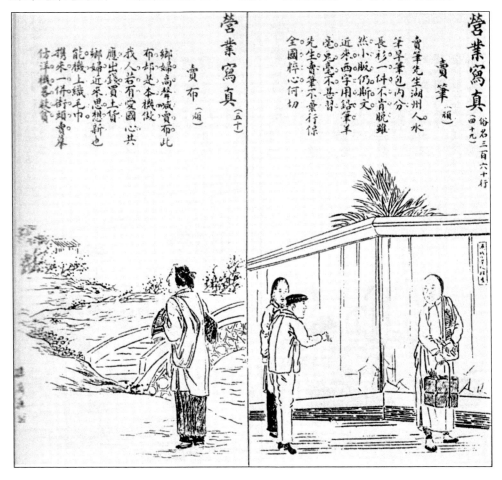

51. 賣香煙

　　香煙之來自外洋，吸之滿口生清香。老牌新牌數十種，在華種種多銷場。我華亦有好煙草，水煙旱煙當時寶。而今買賣紙煙多，流出利源亦不小。

52. 賣洋皂

　　洋皂最好大英貨，躉賣零售有銷路。衣裳洗得碧波清，不論新綢與舊布。昨日路過皂莢林，皂莢之樹高成陰。奈何製皂不如洋皂好，只為西人化學深。

53. 賣蘋果

　　蘋果一名蘋婆果，佛言此果出西土。誰知我佛真騙人，此果乃屬天產部。蘋果採時有生熟，熟採者紅生採綠。半生半熟紅綠勻，頂子顏色真耀目。

54. 賣珍珠米

　　珍珠米，糯而香，兇年食之可代糧。顧名思義心傍偟，米貴如珠大不祥。莫恐世人遭飢寒，天生此米為預防。

55. 賣糖飯糕

白糖糖飯糕，兩面勿燙焦，熱吃嗒牙齒，冷吃滋味高。此物更須玫瑰醬，以醬蘸之入口香。況且緋紅雪白顏色好，宛如白衣女子紅粉妝。

56. 賣茶葉蛋

五香茶葉蛋，有甜也有鹹，最怕勿甜又勿鹹，燒得不好滋味淡。

淡而無味不可吃，廿文一個勿值得，應語賣蛋須改良，趕緊明朝換法則。

57. 賣地藏香

地藏香，香棒長，買來插在地中央，愚夫愚婦爭敬地藏王。

地藏菩薩開眼視，地上骯髒多狗尿。你們燒怎狗尿香，薰得地府臭欲死。

58. 賣琥珀燈

琥珀燈，鐵絲做，此物一年賣一度。七月三十照幽冥，點得滿燈多是火。

幽冥黑暗不可照，空將琥珀善糟掉，兒童遺火更堪虞，燙痛皮膚起紫泡。

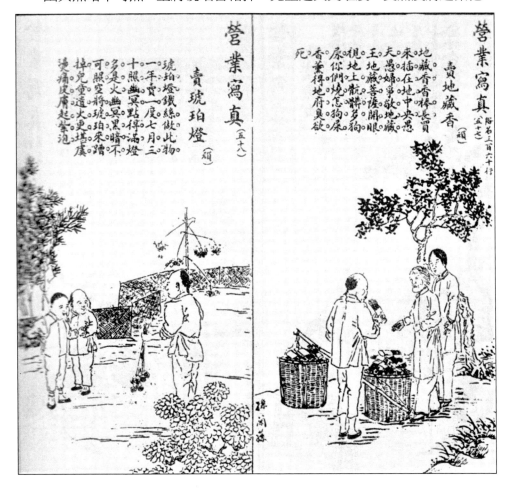

59. 收紙錠灰

紙錠灰，白如雪，莫使飛飛化蝴蝶。背籃有人隨處收，收來造作還魂錫。乃知天下無棄材，紙錠已燒可賣灰。況且錫箔已成無用物，不若燒灰得把錫液還。

60. 收蠟燭油

蠟燭油，何處收，應向庵觀寺院兜，只為和尚道士慣偷蠟燭頭。

收油仍可澆蠟燭，只恐點來光不足。婚喪喜慶用著它，恨煞滿堂暗禿禿。

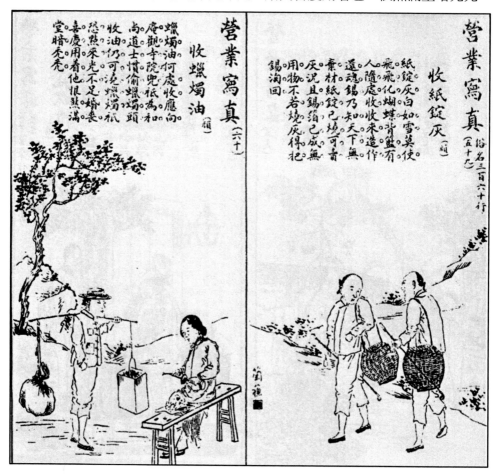

61. 賣豆腐花

豆腐製自淮南王，又有腐乾又有漿。雪白更有豆腐花，絕嫩滴滑堪充腸。賣此之擔兩頭熱，千百擔中只有一妙譜入無雙，物以擔傳稱獨絕。

豆腐花擔，一頭以木桶置豆腐花，一頭以炭火燉醬油，兩頭皆熱，與別種食物擔獨異，故云。

62. 賣米花球

米花球，圓丟丟，糖漿拌成加豬油。小孩見之作球拍，一拍粉碎便下喉。

西孩拍球練眼目，華孩拍球貪口腹。嬉戲相同球不同，貪吃誤孩由舐犢。

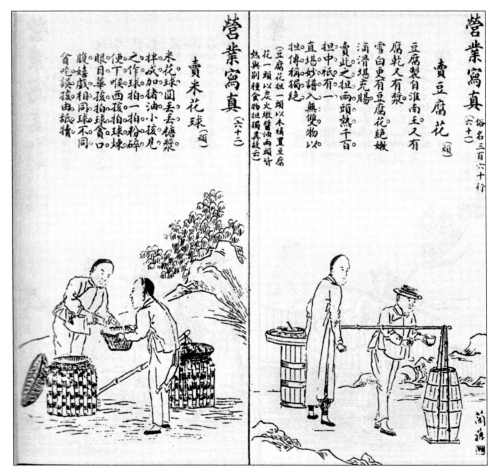

63. 賣燈草

地不愛寶出燈草，燈草乃是居家寶。焚膏繼晨價最廉，休嫌室內燈光小。
笑煞不擔風火人，燈草不肯捐一根。若令沿途賣燈草，壓傷肩胛恐生嗔。

64. 賣冬菜

冬菜大頭菜，此物酸儒愛。其味鹹鮮微帶酸，以酸感酸胃口對。
三日不吃冬菜湯，酸儒兩腳疲汪汪。可知一副冬菜擔，獨有酸儒味飽嘗。

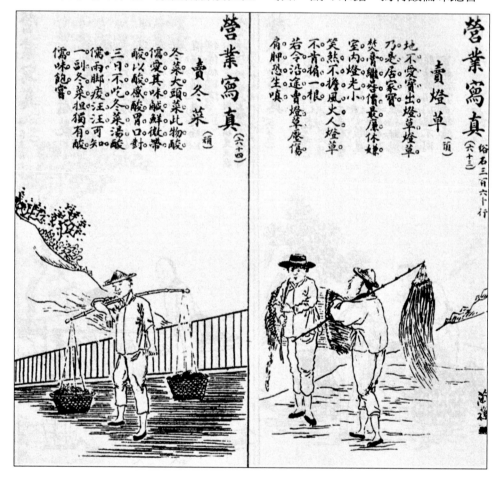

65. 賣香蕉

　　廣東香蕉甜而香，生者微青熟者黃。芝麻之蕉味尤美，食之清火且潤腸。此果乃自芭蕉結，卻笑小說多荒唐。當時不明植物學，附會瓊花一開隋國亡。

66. 賣生梨

　　生梨止咳又清肺，入口津津真有味。此樹無如種妄多，有甜有酸好歹異。天津細皮梨價昂，粗皮我喜吃萊陽，有吃管他無看相，譬如鄉下大姑娘。

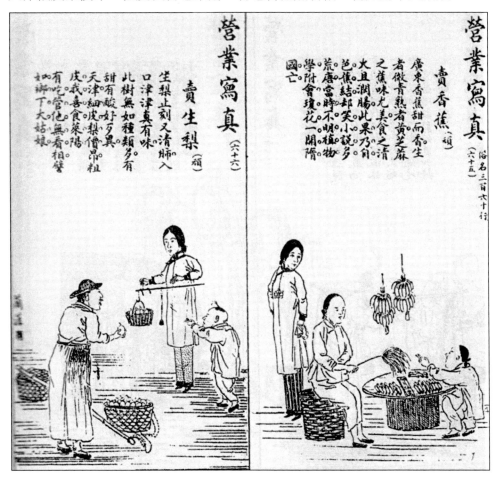

67. 賣餛飩

大梆餛飩卜卜敲，馬頭擔子肩上挑。一文一隻價不貴，肉餡新鮮滋味高。餛飩皮子最要薄，贏得縐紗餛飩名蹺蹺。若使縐紗真好包餛飩，緞子寧綢好做團子糕。

68. 賣拌麵

清真教門冷拌麵，莫說澆頭一點點。醬油麻油豆芽菜，拌成請把滋味辨。也有歡喜加辣火，越辣越鮮易下肚。不過吃客若遇癲痢頭，莫加辣火斷主顧。

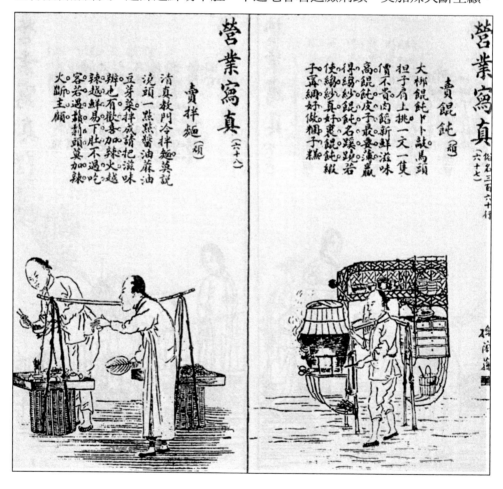

69. 銅匠擔

　　銅匠司務真玲瓏，修舊一等大名工。配鎖包銅釘鉸鏈，零碎生活皆精通。可惜工藝近來尚機器，銅匠司務勿留意。若肯要緊關子學一點，也替中國工藝爭爭氣。

70. 錫匠擔

　　可憐錫匠擔，近來難吃飯。不是錫作藝不精，只因錫器東西逐漸減。

　　錫器不用用澆磁，亦一中國大漏巵。安得急籌抵制法，莫教此業不能支。

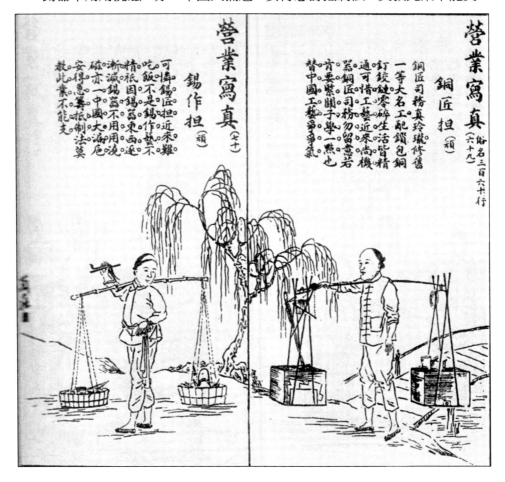

71. 糖炒栗子

栗子重糖炒，魁栗不及良鄉好。長生橋堍綺園前，兩個攤頭名最噪。

此物最宜炒得鬆，第一要等火候到。不可夾忙頭裏火忽停，致使冷鑊子裏熱栗爆。

72. 熱白果

燙手熱白果，一鈿買三顆。會做生意喊兩聲，聯聯絡絡像煞一篇白果賦。白果生自靈眼樹，一名白眼采采無其數。不道樹木之中也有阮步兵，竟多白眼將人侮。

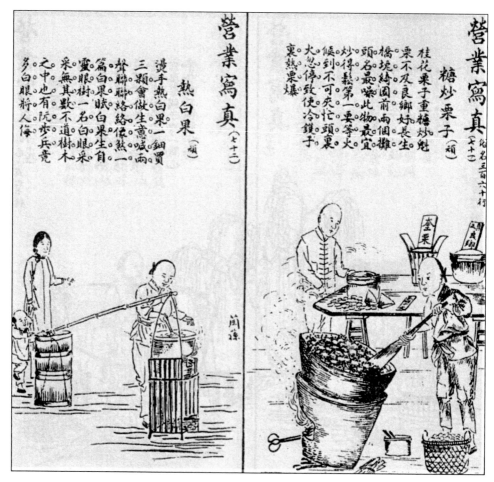

73. 收鴉片煙灰

鴉片煙灰害人品,吃煙之人視如命。乾黃好灰有人收,收來仍做煙靈性。明詔而今已禁煙,煙灰莫說值銅錢。將來此物須漸滅,不信且看後十年。

74. 賣發財票婦女

先生買張發財票,嬌聲囉囉耳邊叫。頭彩尚在莫錯過,包賣票子包對號。兜票向來男子多,誰曉近來多女魔,宅堂公館多跑到,搜刮資財可奈何。

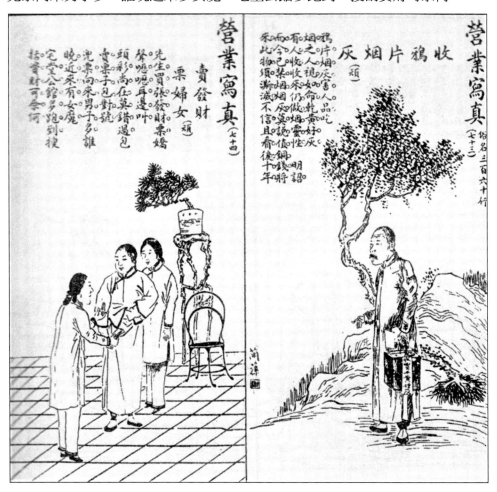

75. 賣麻油

　　廚房曉兒響噹噹，麻油擔子過街坊。小瓶一個買幾兩，以之入饌多清香。自古麻油拌青菜，只要各人心裏愛。莫把賣麻油人看得不值錢，不見賣油郎獨把花魁占。

76. 賣豆腐

　　菜場擺個豆腐攤，朝朝生意勿推扳。一個早晨賣乾淨，切切弄弄勿賸還。只因豆腐價錢賤，三文五文出手便。不過莫向老人兜買豆腐皮，只恐踏倒攤頭要翻臉。

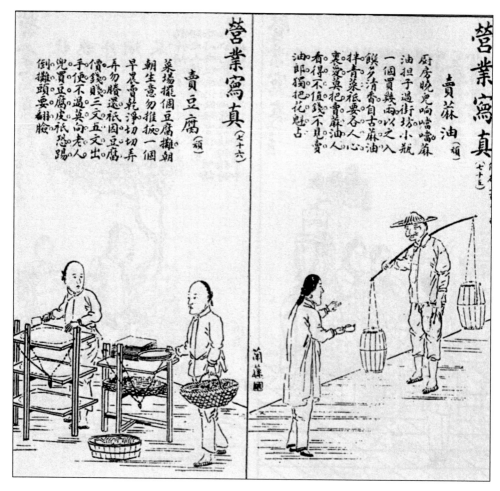

77. 賣熰熟荸薺

熰熟荸薺熟而甜，一串一串竹片扦。心愛不妨買兩串，小吃只費幾個錢。
我聞荸薺生者可克銅，一經熰熟便無功。可知物性貴生辣，作事生辣將毋同。

78. 賣熟風菱

風菱越熟味越好，風菱殼硬肉越老。又熟又老好風菱，一賣便完只嫌少。
賣菱人愛賣老菱，採菱人又愛年輕。纖纖手把菱來採，口唱菱歌無限情。

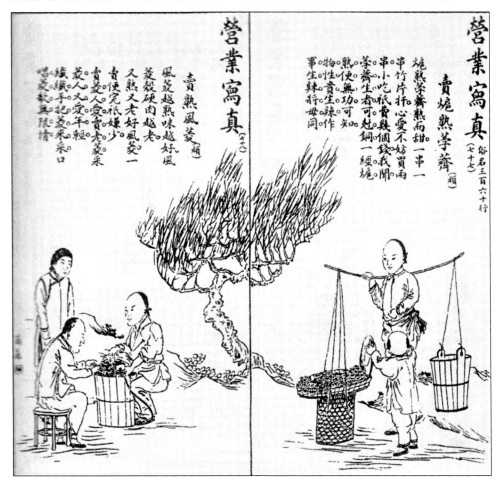

79. 賣糖飯

熱糖飯，糯米做，裝木桶，生炭火。白糖油條隨意包，清晨充饑香且糯。

糖飯原是米做成，而今米貴如珠小販苦。嗟彼販米出洋黑心人，高抬米價窮人餓。

80. 賣燻臟燻肚子

燻臟燻豬肚，蒼蠅叢集臭豆腐。木屑煉成異樣香，還有豬心豬尾豬耳朵。租界禁售病豬肉，病豬腹中還要毒。而今瘰痢已盛行，吾欲質諸工部局。

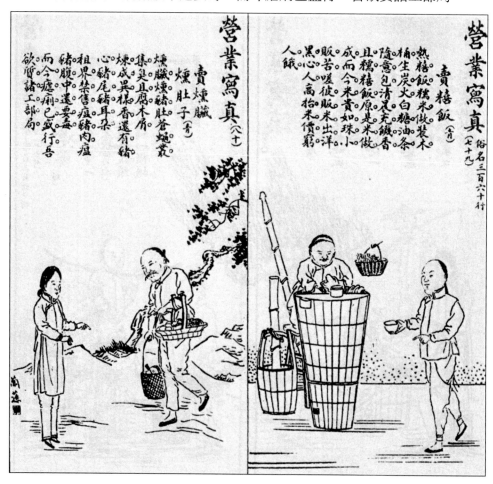

81. 賣牛肉

攤頭牛肉，真正齷齪。死驢死馬，湊成一局。味道雖鮮，蒼蠅飛足。大家貪便宜，不怕害病疫。奉勸衛生家，莫要貪口腹。

82. 賣貓魚

貓魚原來魚之雛，魚雛網來喂貓奴。貓奴日日吃貓魚，吃飽貓魚不把鼠來捕。

捕鼠果屬貓之責，貓不捕鼠猶可說。嗟爾捕快與巡警，看見盜賊不敢捉。

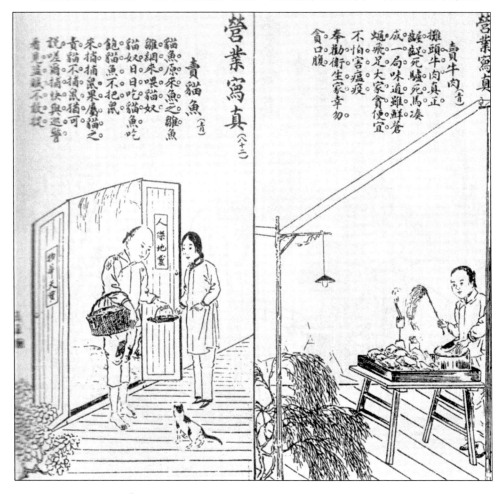

83. 賣糖糕

　　豬油白糖糕，上口滋味高。烘熱吃一塊，可使腹不枵。向聞蒸糕多忌諱，一觸忌諱糕便壞。此言曾問賣糕人，大笑少所見者多所怪。

84. 賣糖粥

　　桂花白糖粥，新米糖加足。敲動小竹梆，沿街必必卜。北客南來笑不休，一鍋糖粥小於甌。南人食量何其窄，賣過多人粥尚留。

85. 賣雞毛帚

雞毛排帚雞毛做，此物最好天津貨。雞毛純洗製法精，揮揮蓬塵買一個。
我有一言告僕人，居家揩揮要殷勤。不可捏著雞毛當令箭，小人得志意欣欣。

86. 賣掃帚

掃帚一物家家有，打掃房屋除塵垢。蘆花軟熟竹枝剛，更有高粱與棕帚。
嗟嗟國恥難掃除，愴懷時事每唏噓。安得有人持鐵帚，掃平多難快何如。

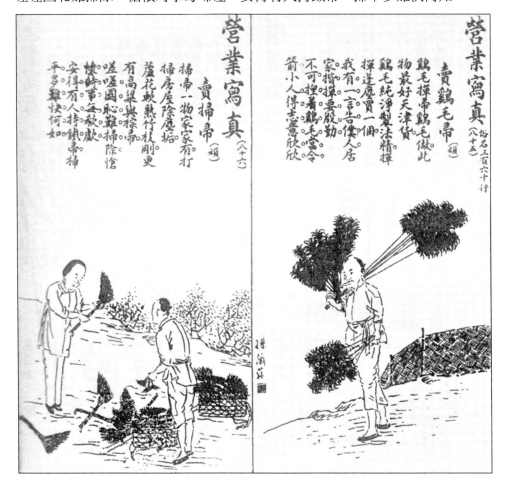

87. 修棕榻

修棕榻，真得法，棕斷仍把棕來紮。修好又可用幾時，不必更將新鋪搭。

嗟嗟榻破雖可修，榻旁有人不可留。若教臥榻之旁任人睡，可憐鼾聲起處使人愁。

88. 修洋燈

洋燈之製由外洋，燃以火油生清光。奪我中國油燭利，況復購置價甚昂。修燈有人技何巧，能使舊燈光復皎。免教動輒買新燈，節省燈資亦不少。

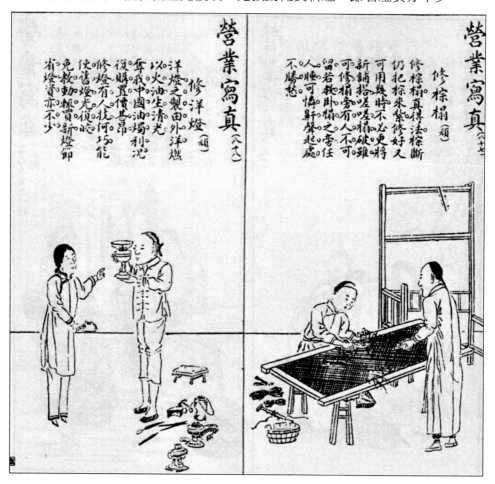

89. 賣蛋

雞蛋鴨蛋銷場粗，一年四季入饌多。可燉可煎可作湯，若攤蛋皮顯亦和。水鋪雞蛋嫩而嶄，灰腌鴨蛋鮮而鹹。只有炒蛋忌對官場呼，莫觸忌諱被罵忘八蛋。

90. 賣甲魚

扁担頭上挑甲魚，魚頭下垂四足舒。似龜非龜狀可醜，紅燒清燉卻可入菜蔬。

甲魚老者不可吃，愈老愈成龜格式。只好放入妓院跑鱉腿，等他夜夜蹣跚請嫖客。

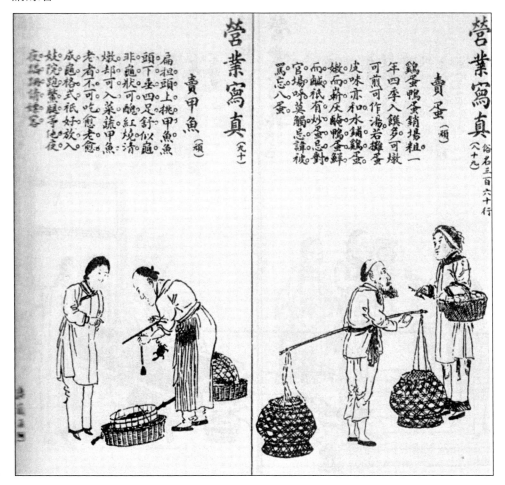

91. 賣檀香

老山檀香福建產，越老越香貨越嶄。愚夫愚婦買來燒，謂可香氣通天半。喜爾檀香命不辰，截成零段劈開焚。大材不作棟樑用，誤於世間迷信人。

92. 賣香斗

八月中秋月團圓，燒只香斗保平安。斗面簷香鋪兒片，斗底木屑一大團。檀香雖香木屑臭，燒斗敬神神欲嘔。斗香若達廣寒宮，只恐奔月嫦娥又要忙逃走。

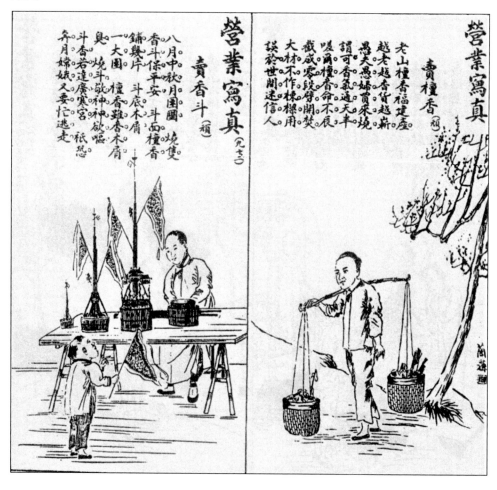

93. 關亡

　　關亡討口氣，妖巫真巧計。本沒亡魂何處關，做勢裝腔好詫異。呵欠連連眼忽開，自言召得鬼魂來。最詧觀看新亡婦，口叫亡夫頭懶抬。

94. 算命

　　算命排八字，此術子平始。云將八字定終身，能識榮枯與生死。誰知一日一夜萬死更萬生，豈無一個同時庚。若者富貴若者竟貧賤，此種命書怎樣來批評。

95. 賣桂花

八月中秋丹桂香，園丁折取售道旁。買得一枝肩瓶插，頓令滿室生芬芳。此花昔年主科第，丹桂高技誇得意。而今科舉已罷除，蟾宮不織登科記。

96. 賣佛手

佛手生來真異樣，似有手指似有掌。嫩者青青老者黃，供人磁盆香氣盎。佛手聞忌醉漢嗅，一嗅便爛變酒臭。卻怪浸成佛手燒，不爛又香偏可口。

97. 賣鮮雞頭

雞頭肉，糯而柔，未經剝殼如雞頭。玄宗以之喻嫩乳，一朝帝王何風流。

若言雞頭肉與雞頭異，請買雞頭與雞一嘗試。玩一剝字便可知，倘剝雞頭之肉何趣味。

98. 賣柿子

柿子有青亦有紅，樹頭顆顆搖秋風。園丁採來攤上賣，潤腸清熱多奇功。奈何恰與蟹同市，遂使柿子遭棄置。嗟嗟君子每被小人擠，豈獨果中有柿子。

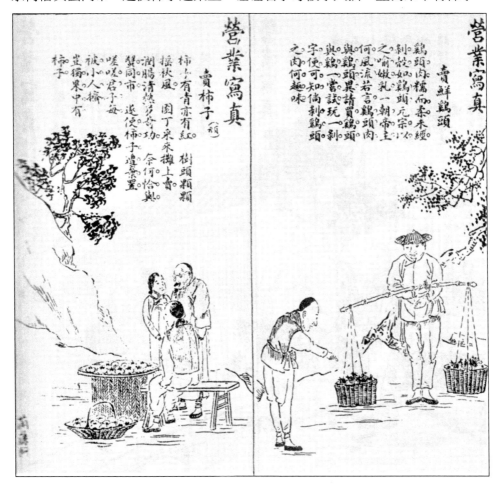

99. 賣洋棉紗線

　　洋棉紗線中國製，雖非蠟線亦光緻。紗廠林立出線多，堪為洋貨小抵制。此線既可縫衣裳，若織布匹尤相當。只憐中國棉紗線，從此拋棄無用場。

100. 賣廣東刨花

　　廣東刨花最有名，泡水刷頭頭髮清。小滑頭與好女子，梳梳掠掠真得情。嗟吁，我為此樹痛，奈何不作樹膠用。刨盡千層好樹皮，卻伴粉盒脂奩將命送。

101. 測字

斯文朋友忽蹩腳，搓個地攤將字測。趨吉避兇瞎嚼蛆，加筆減筆真活拆。塗塗抹抹亂紛紛，偏會嚼字與咬文。不道斯文掃地四個字，應在地摹測字人。

102. 起課

起課先生真別致，祖師俱敬鬼谷子。忘卻當年羑里囚，演課乃是文王始。單單赤赤赤單單，機關參透六爻難，課筒搖得劈拍響，三個銅錢身亂翻。

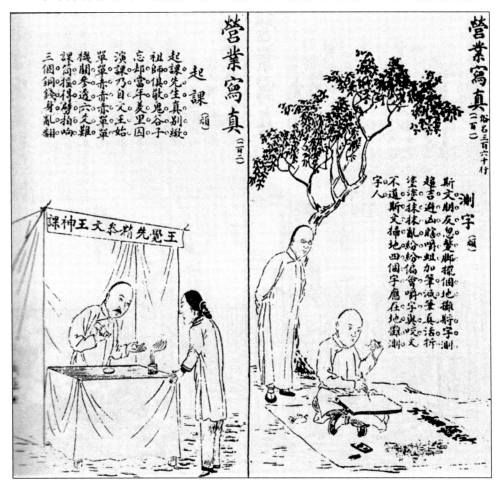

103. 賣冬瓜

種瓜最好種冬瓜，草中自大自開花。其皮與子均入藥，其肉入饌多菁華。採人竹筐切開賣，一個冬瓜切幾塊，千萬莫遇糊塗人，被他纏入茄子內。

104. 賣新薑

新薑不及老薑辣，不辣別有新吃法。薰醬薰醋子薑炒，雞絲餡中未必銷，場狹薑字亦可作，姜字形如姜女多風致。新薑真是美女姜，不比老薑辣得怕勢勢。

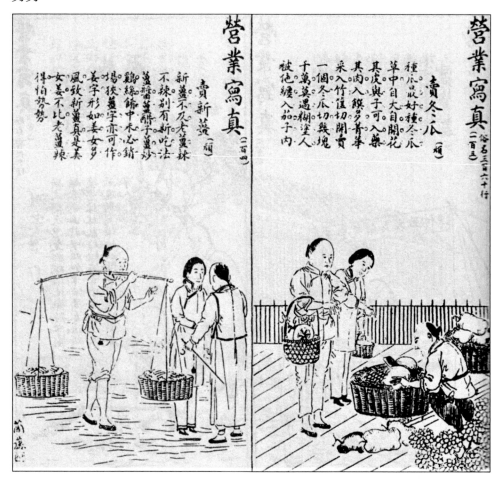

105. 賣搔背扒

搔胡扒兒竹頭做，背癢可搔真好貨。何妨買隻快搔搔，不必麻姑仙爪助。
一言含笑告君家，搔時只可一手拿。倘將雙手拿此物，三隻手兒狀不佳。

106. 賣拂塵

馬尾千條紮拂塵，昔年僧道手中擎。儒呼塵尾名兒別，太監淨宮又異稱。
此物近來不多見，只有戲臺有出現，有時車上趕蒼蠅，馬夫手內遮輕賤。

107. 賣髮子

髮子本是頭髮柴，可將假髮濟真髮。半真半假看不穿，梳得頭成很得法。氣煞世間癩痢女，皮之不存毛焉附。眼看他人買髻子，自己買來無用處。

108. 賣花帶

寧波花帶最道地，價廉物美用場利。看對尺寸買一根，褲子可束裙可繫。此業向來帶賣物，木底高底銷場闊。近來纏腳已禁不賣錢，只剩半個行業難度活。

109. 紮珠花

蘇州巧匠紮珠花，爭奇各把手段誇。不惜工夫作玩物，可惜巧匠用意差。中國女眷好插戴，千金白金紮成花一對。那知丈夫辛苦賺錢難，粒粒珍珠都是汗血換。

110. 包金法藍

包金法藍操業奇，銀匠司務技勿低。生意清淡沿街喊。全套家夥手內攜。

金耶藍耶皆美質，奈何以之塗首飾，首飾雖然得美觀，可惜金藍已成無用物。

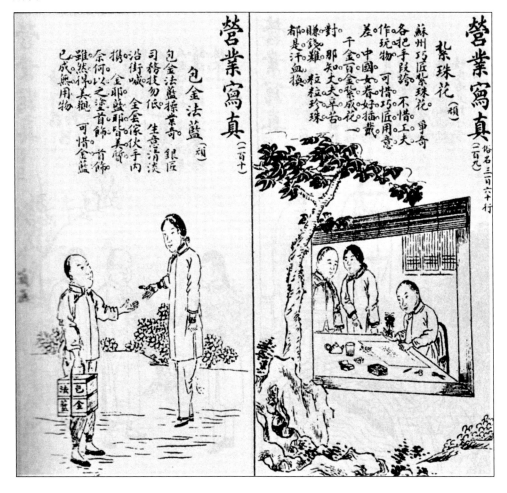

111. 賣洋翡翠首飾

洋翡翠，出東洋，東洋近來化學昌。製成洋翠似真翠，造作首飾頗精良。

老山翡翠近來少，新山翡翠顏色反輸洋翠好。遂令洋翠銷場多，損失真翠利源殊不小。

112. 賣眼鏡

眼鏡之製法最精，有鏡養目目乃明。老光近光兼平光，買個戴戴耀眼睛。

近來眼鏡尚尖式，金絲蠟黃晶墨黑。無怪世人個個眼睛尖，看見銀子雪雪白。

113. 賣洗帚

劈毛竹，成洗帚，洗鍋洗灶去污垢。三十廿文買一個，廚房間裏家家有。太息年來國債多，投資如入無底鍋。滿鍋債累洗不淨，民力已疲將奈何。

114. 賣銅杓鏟刀

銅杓鏟刀當家貨，此物乃是銅鐵做。有杓有鏟飯可燒，不致空對飯鑊呼肚餓。鏟刀更宜銷官場，不然地皮鏟得何其光。民脂民膏更買銅杓舀，庶幾涓滴歸私囊。

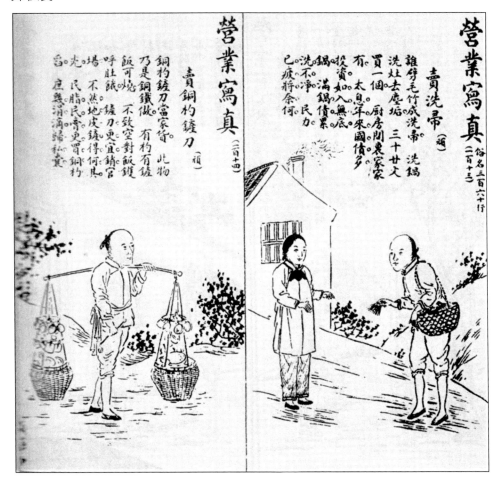

115. 賣油炸檜

　　油炸檜兒命名奇，只因秦檜和戎害岳飛。千載沸油炸檜骨，供人咬嚼獲報宜。

　　操此業者莫說難覓利，請看查潘鬥勝好新戲。賣油炸檜查三爺，家當嫖光做人重做起。

116. 賣香脆餅

　　香脆餅兒用線穿，其形如錢滴溜圓。小孩一見索資買，一串餅當一串錢。小孩亦解金錢義，持得餅歸不肯棄。無怪茶食店裏要做洋錢餅，賣與貪財之人討歡喜。

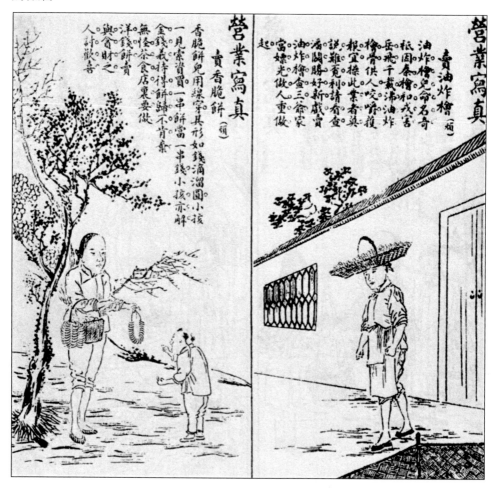

117. 賣寧波腳帶

　　寧波小腳俗好看，腳背高起一大段。如何腳帶竟出名，四鄉八鎮銷場遠。明詔近來禁纏腳，腳帶雖好用勿著。我勸賣腳帶人早棄行，免使女子纏腳遭凌虐。

118. 賣包腳布

　　包腳布，的四方，買來好包腳一雙。日間襪裏勿覺看，晚間脫開臭得慌。

　　我聞醜陋之人貌如包腳布，縐紋滿面多穢污。此人若將包腳布來賣，面孔倒好權把招牌做。

119. 賣水磨筷

鐵尺磨繡針,只要工夫深。水磨毛竹製為筷,磨成可為席上珍。

竹筷似比牙筷好,一樣是筷價公道。況且牙筷須要配珍饈,夏韭冬菘還用竹筷妙。

120. 賣帽刷

帽刷豬毛做,真是當家貨。愛潔之人不可無,刷刷帽兒去灰土。

帽兒灰土可刷去,不必彈冠真有趣。只恐世人若戴綠頭巾,刷他不淨堪深慮。

121. 相面

　　麻衣柳莊鐵關刀，江湖自稱相法高。能知富貴與貧賤，能識窮通與壽夭。我為看相諸公傳一語，以貌取人失子羽。可知尊容生得果然佳，何必相面先生來誇許。

122. 隔夜數

　　隔夜數，真稀奇，不論何事皆先知。豈真果有隔夜數，創此術者多巧思。

　　黃紙亂寫攏統語，託稱諸葛有憑據。俗稱門角落裏諸葛亮，不圖應在此一句。

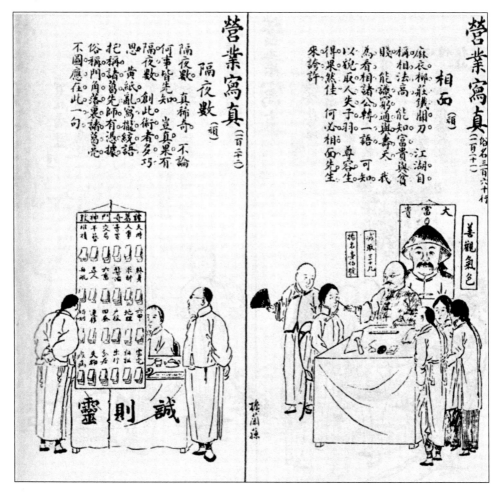

123. 賣五香豆

五香豆，豆腐乾，消消閒，騙騙囝。豆豆利市口味好，況復桂皮白芷加香料。若比五香鴿子五香雞，滋味雖殊價公道。

124. 賣醃金花菜

醃金花菜滋味好，此物乃自太倉到。不鹹不淡製得鮮，生吃熟吃俱佳妙。金花之名好吉利，兩朵金花誇及第。近來科舉雖罷除，寒士尚俱喜咬菜根味。

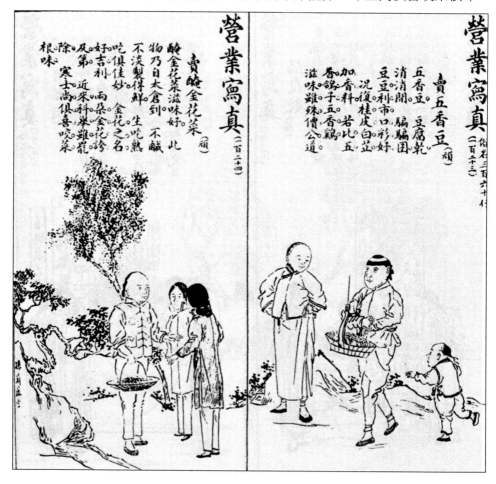

125. 收火油箱

火油箱兒敲得當當響，遍問人家可有火油箱。如有不妨出錢買，多多少少有用場。收來賣與洋鐵店，改做別物貪價賤，何需廣收火油箱，豈是煤油大王鬼出現。

126. 收舊貨

舊貨換銅錢，收來挑上肩。破衣破物一擔裝，還有破帽並破棉。只有破靴難配腳，只好賣與破靴黨。近來地方自治漸少破靴黨，恐怕收得歸家難賣卻。

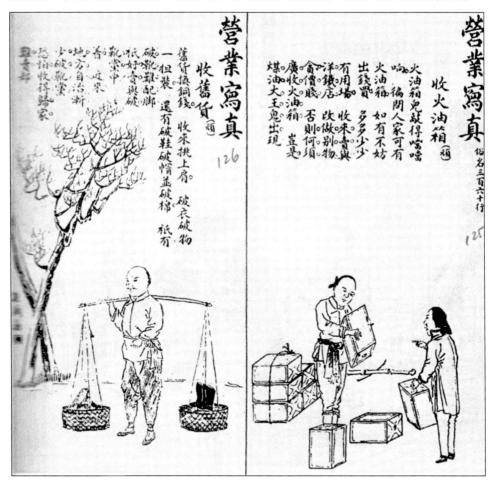

127. 賣黃柳頭

　　小竹片兒拍拍敲，賣黃柳頭喊聲高。一文一撮價最賤，三文五文一把撈。此物大可泡茶吃，甜津津兒出出色。如何茶經不載黃柳頭，難道陸羽當年不識得。

128. 賣新米大白糖

　　新米白糖甜而糯，三文一塊買得過。眼力高者吃大糖，揀完賣完好再做。近來市上米價昂，奈何猶把新米做白糖。賺錢不比昔年易，小販況復遭錢荒。

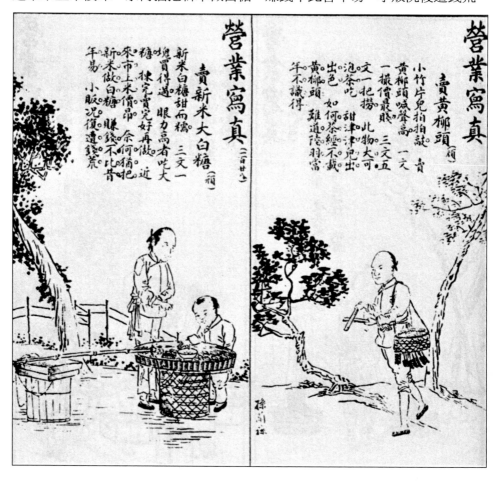

129. 彈棉花

木棉花，出松江，彈作絮，做衣裳。禦寒更宜製被褥，新被新褥最好睡個新嫁娘。

新嫁娘彈新被褥，羞得面龐紅馥馥。看他彈彈弄弄頃刻即成胎，將來自己懷胎須要十月足。

130. 打鐵匠

乒乓乓，乒乓乓，不怕鐵質硬復硬，只視火力強不強。方今實業重提倡，我國漢陽冶廠出品頗精良。

更喜鐵礦隨地有，不煩採購赴重洋。莫謂匠人業微賤，工藝發達未可量。君不見美國富豪卡涅義，鋼鐵業中稱大王。

131. 鋸木匠

鋸子一把馬一隻,鋸匠鋸木費手腳。一牽一扯如打拱,鋸得臂痠不盈尺。不見西人鋸木近來用機器,快慢不同勞逸異。既有新法奈何不改良,我願鋸匠早把行業棄。

132. 砌街匠

砌街司務多絕技,磚街石街俱會砌。更能巧做缸爿街,兼把陰溝通到河浜裏。

近來馬路工程多,瓦筒打拱陰溝地下鋪。可憐老法砌街匠,動手不來可奈何。

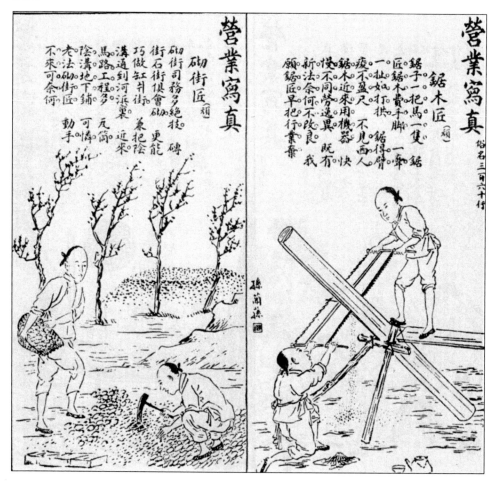

133. 賣香瓜子

　　向日葵花向日開，秋來結子何累累。八九月間採來賣，一花千子真奇胎。
此物俗名香瓜子，葵花何與香瓜事。想因瓜瓞綿綿子最多，故把嘉名賜瓜子。

134. 賣發芽豆

　　無錫發芽豆，香甜最可口。耐人咀嚼脆而鬆，更喜豆殼一層殊不厚。
　　方今新政乍萌芽，滋味渾如此豆佳，應語世人莫摧折，留芽播種待開花。

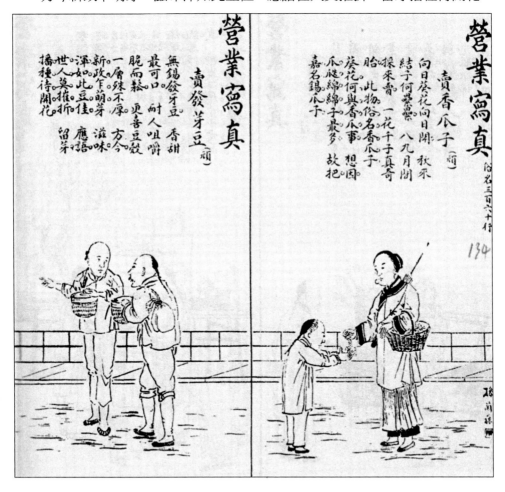

135. 賣重陽糕

重陽須食重陽糕，片糕搭額願兒百事高。（《通生八箋》：呂公記九日天明時，以片糕搭兒女額上，祝曰願兒百事高，凡三聲），此風不自今日始，菊糕（《乾淳歲時記》）殊堪飽老饕。卻怪當年劉夢得，不敢題糕心忒忒。

136. 賣菊花

菊花開在重陽節，老圃秋容推獨絕。此花開後更無花，秋意滿山衹黃葉。彭澤當年辭令歸，東籬採菊遄意飛。堪笑目今縣令稱賠累，羞對黃花解組稀。

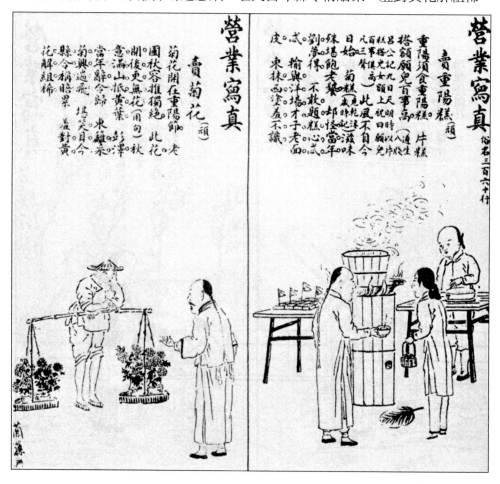

137. 吹糖人

　　吹糖人，行業奇，模型數具糖些微。吹成大得膨脹力，異於空口吹牛皮。糖人究竟糖來做，薄薄餳糖空心貨，天氣還潮便要烊，好比空心老官容易現原形。

138. 揑粉孩

　　五顏六色粉兒團，將粉捏成好団団。面孔雪白髮懼黑，不衣綠褲討喜歡。粉團亦能捏美女，媚態盈盈嬌欲語。中國手工誰道不精良，可惜玩物雖工無用處。

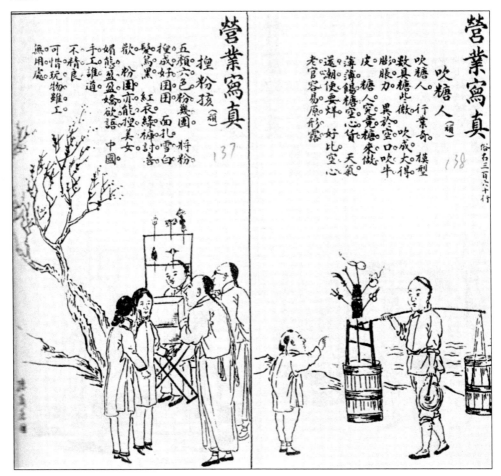

139. 烘山芋

　　冬烘先生笑呵呵，山芋山芋烘得熱而酥。我因冬烘被人棄，爾卻烘成食品買者多。

　　山芋被烘心熱極，越是紅心越好吃。大堪持愧黑心人，為人奈何心不赤。

140. 換糖擔

　　爛釘舊鐵雞毛肉骨頭，區區換糖擔上一概收。破棉碎布亦有用，不妨換些糖吃甜甜喉。

　　糖擔一副可度日，家婆兒女多養活。不是擔上好把破貨收，可知天下從來無棄物。

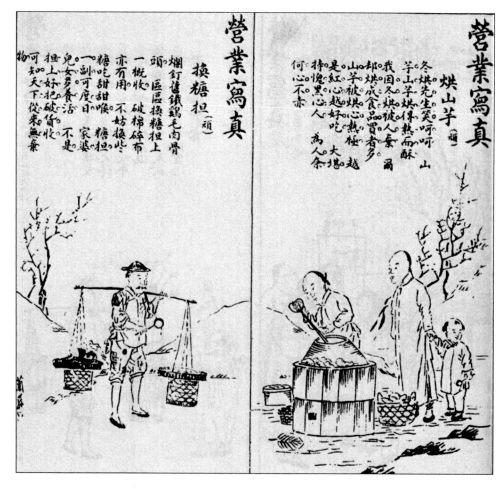

141. 賣金雀

麻雀黃雀和花雀，不及金雀羽毛金閃爍。縛置鐵叉纏以五色線，可要連叉買一隻。

秀才先生金雀頂，金雀文明誰比併。自從科舉停止雀頂稀，雀兮雀兮只與兒童作玩品。

142. 賣蟋蟀

蟋蟀瞿瞿秋宵鳴，滿庭秋氣多淒清。有人捕入瓦甕賣，此蟲可鬥分輸贏。

嗟爾小蟲尚堪鬥，磨厲利牙奮厥口。東方有獅勇絕倫，奈何酣睡未醒只垂首。

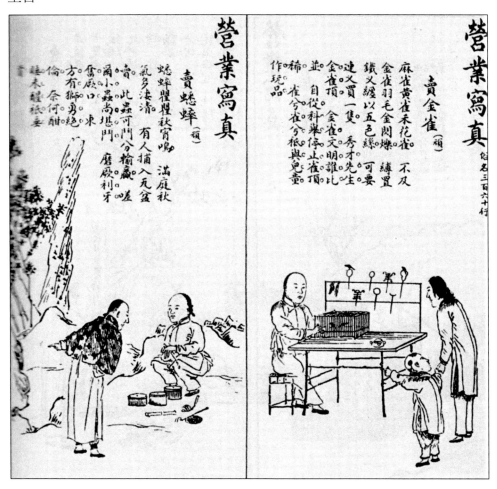

143. 賣老鼠夾

老鼠夾，真得法，十隻老鼠九夾殺。鐵網一重板一方，此中頗有小機括。
世界近來鼠竊多，破案無功奈若何。偵探緝捕可能用機智，使他鼠輩自投羅。

144. 賣鳥籠

鳥入籠中飛不起，終身只在囚籠裏。何人起意作鳥籠，專制手段狠無比。
近來刑律將改良，再言專制不相當。鳥官或肯哀群鳥，抬手開籠也不妨。

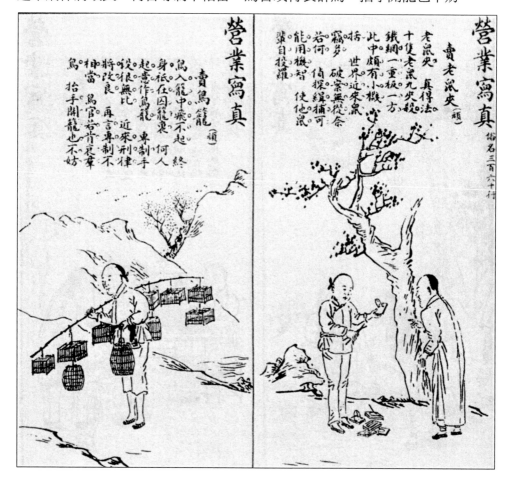

145. 賣蟹

螃蟹橫行逞威武，爬沙戲水兼葭渡。誰料橫行無幾時，到頭終被漁人捕。

漁人捕得賣街坊，九雌十雄膏滿筐。不過未便賣與洋場才子食，食時只恐蟹爬床。

146. 賣蝦

鮮蝦卜卜跳，漁翁哈哈笑。今朝入市賣錢多，滿籃活蝦可預料，賣蝦尚須求活潑，活潑有人將價出。可知若要多賺錢，算來第一要靈活。

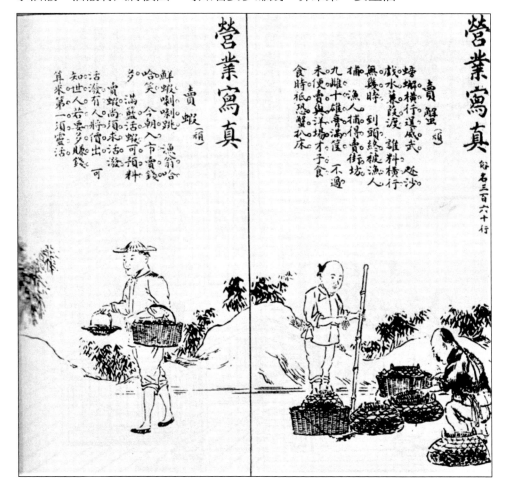

147. 糊裱匠

　　古今書畫名人筆，皆為國粹須珍惜。裱畫司務手段精，裱出屏聯手卷與冊頁。

　　莫言近多洋掛屏，糊裱行業漸不靈。花叢時把房間裱，脂粉生涯倍有情。

148. 成衣匠

　　十餘年前成衣匠，手業行中稱雄長。寧綢杭緞偷料多，得尺則尺丈則丈。而今算術盛流通，開方乘方人人都精工。更兼時式衣裳短且窄，此輩行將吸西風，何況縫紉機器發現二十世紀中。

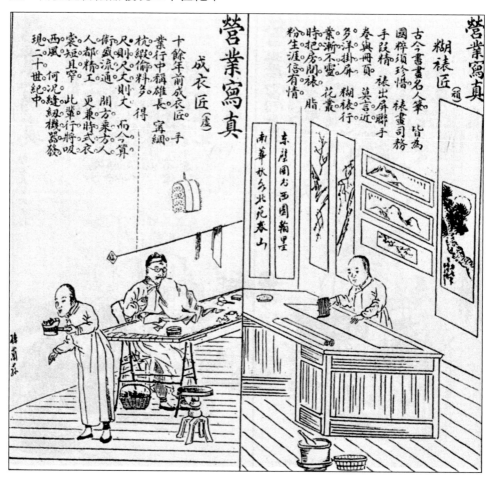

149. 賣報人

　　各式各種新聞紙，買張看看天下事。近來報紙喜漸多，越多越是開民智。圖畫日報圖畫精，分門別類局目清。三個銅板買一本，翻翻看看真得情。

150. 賣小說

　　小說書，真好看，開豁心思此為最。只恨書多買不全，汗牛充棟何能算。
　　昔人著書多迷信，今人著書無此病。著書之人已改良，看書之人可猛省。

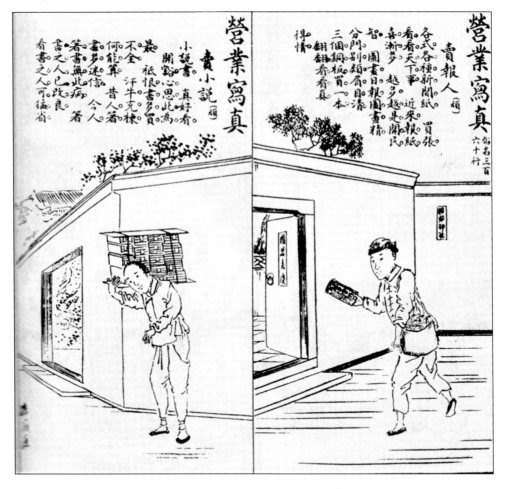

151. 賣紙花

紙花做得真鮮豔，有梗有芯兼有瓣。買歸插入膽瓶中，疑煞模糊近視眼。假花只恨少花香，不比真花撲鼻芳。幸虧世界近來多尚假，假花不怕沒銷場。

152. 賣草蟲

誰將蒲殼來撕破，靈心巧把草蟲做。蚱螞螳螂紡織娘，活像何妨買幾個。莫笑中國手工劣，造作玩物推獨絕。聰明誤用劇堪憐，若在西人便不屑。

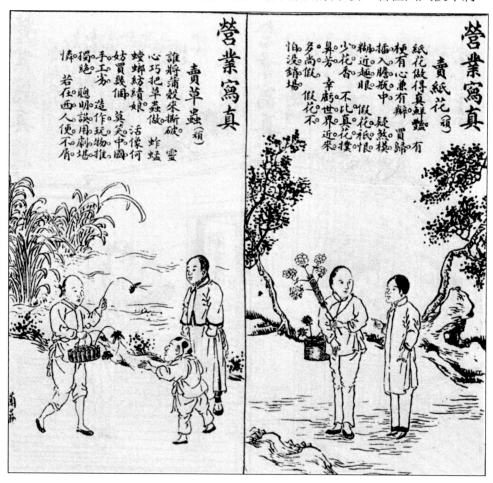

153. 賣洋布

五十年前無洋布，只有鄉間本機貨。自從各國來通商，洋布盛銷我華土。半是人無愛國忱，半因商戰不留心。利源外流須思挽，土布何時再暢行。

154. 賣線襪

線襪有絲亦有絨，絲宜夏日絨宜冬。此襪皆自外洋織，可大可小多精工。我國京廣亦有著名襪，銷場漸漸受擠軋。一言謹告襪店官，胡不趕緊改良仿西法。

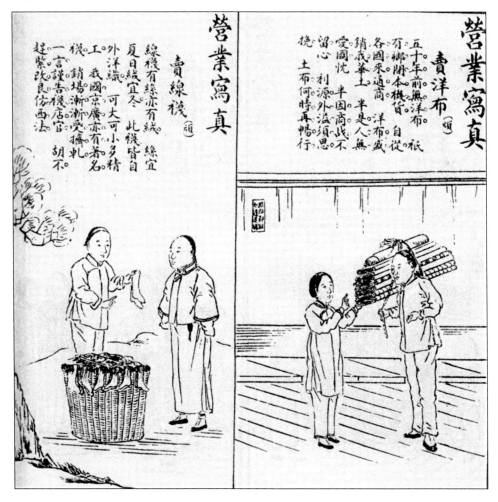

155. 賣朝報

　　小鑼敲得咯當當，肩上招牌插一方。新出新聞孰朝報，三文二文便可買一張。

　　此等朝報向來有，瞎三話四難根究。如今世界開通報紙多，還向街頭出怎醜。

156. 賣山歌書

　　山歌句子真粗俗，大半不通難入目。何況男女私情多，最是姦淫最齷齪。拔蘭花，趙聖關，十望郎，十勿攀，種種山歌安得買來付一炬，不許再把刻板翻。

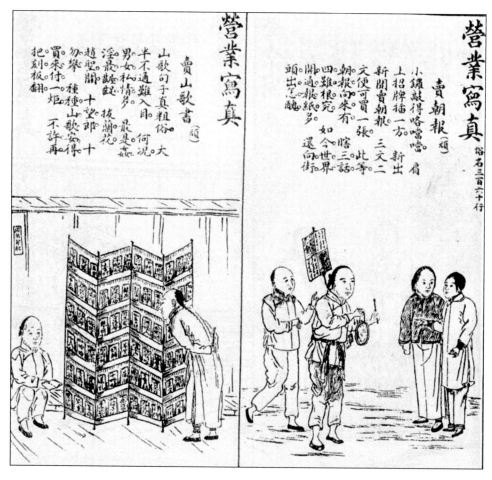

157. 賣枕頭

　　洋布枕頭新法制，有大有小多精緻。可惜中間稻草一團包，無怪枕頂有人呼補子。

　　聽得沿街賣枕頭，阿儂欲買不勝愁。內憂外患年來亟，高枕如何得不憂。

158. 賣絲綿褥子

　　絲綿褥子街頭喊，拆開線縫儘管揀。外層雪白好絲綿，那曉中間破絮餡。人心不古作偽工，外觀有耀不可觀內容。然使此褥賣與紈褲子，金玉其外敗絮中。

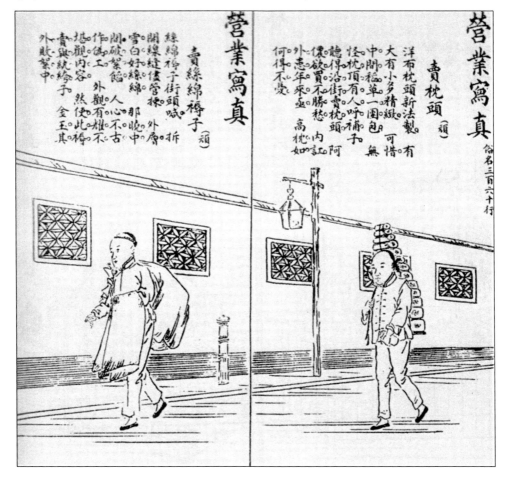

159. 刷帽子

瓜皮小帽容易舊，半是灰塵半油垢。攤頭有法刷得清，整舊如新真不謬。我聞洗刷手段官場工，能使貪污化為廉與公。何物攤頭亦具好手段，竟將洗刷弄神通。

160. 織補衣裳

簇新衣服忽擦破，或被鼠傷或燙一星火。見衣不必皺眉愁，巧法有人能織補。

竹圈一個絲幾根，居然補得一無痕。卻歎人生缺憾知多少，奈何能補衣衫難補人。

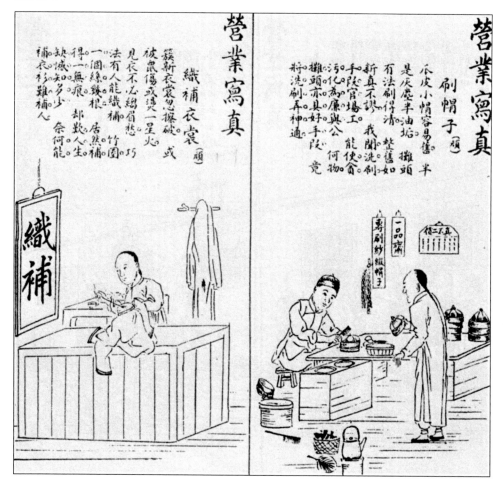

161. 夾蜆子

　　小船一隻水面搖，竹竿兩支水底交。漁翁船頭夾蜆子，水聲漉漉生秋潮。竹竿夾緊網口合，蜆子不能將網出。不知內中可有鷸蚌爭，恰被漁翁同夾入。

162. 釣鰻鯉

　　鰻鯉滑達達，要捉難捉煞。漁人有餌置釣竿，一釣一條真得法，逃走鰻鯉臂膊粗，漁人聽說笑呵呵。世間虛話真無據，偌大鰻鯉河內無。

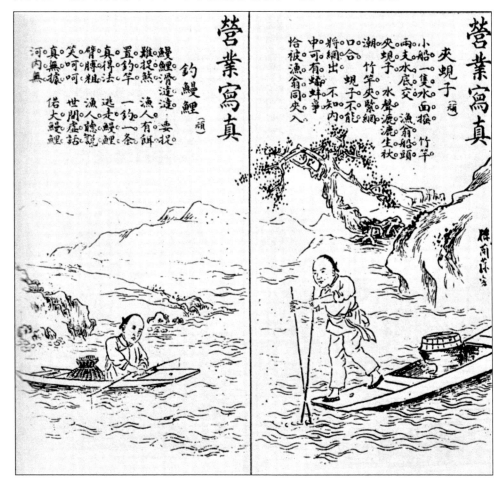

163. 殺牛

牛刀一把去殺牛，牛縱哀鳴命不留。豈是毫無惺隱念，既執屠刀難自由。西人屠牛用機器，一樣牛死偏爽利。乃知牛兒亦上斷頭臺，不但流血少年矜意氣。

164. 殺豬

食肉者鄙不應食，不道老饕偏愛吃。遂令屠戶各奏刀，一日須殺豬千百。昔年宰肉重陳平，大小均勻得美名。今日屠夫那解此，只知刀口把錢掙。

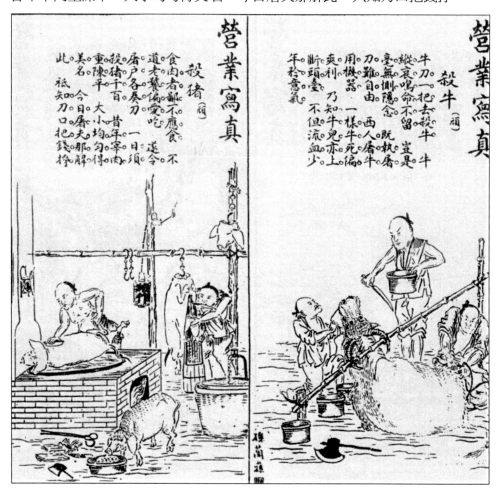

165. 賣糖山楂

山楂開胃又消食，只恨味酸不好吃。一有餳糖嘴覺甜，況復價廉真買得。

山楂顆顆似紅頂，穿成串串成奇品。豈是近多賣官鬻爵人，紅頂累累賣不盡。

166. 賣文旦

文旦本是廈門產，有酸有甜須細揀。吸煙之人最喜歡，喜它形如大土圓而嶄。

吃文旦人須剝殼，此殼剝來棄壁角。切莫留存致討厭，甘受文旦殼子語輕薄。（俗諺：「文旦殼子為討厭人。」蓋昔昨人每以文旦殼為度藏旱煙之具。殼罄則或向有點者討煙，厭煙同音，故有是語也。）

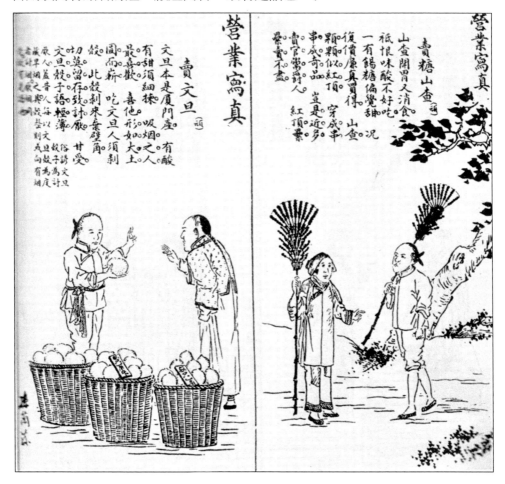

167. 賣天津風爐

天津風爐白泥做，買來生個圓爐火。圍爐夜話口消寒，閒撥爐灰耐久坐。嗤彼廣東黃風爐，爐頭高椿紫銅鍋。只將鴉片煙來煮，不及此爐得用多。

168. 賣宜興茶壺

紫沙茶壺出宜興，因壺得名代有人。近世曼生瞿子冶，昔年龔春時大斌。世間萬物取新穎，此壺獨以古茂勝。譬之逸士與高人，別有丰裁自名雋。

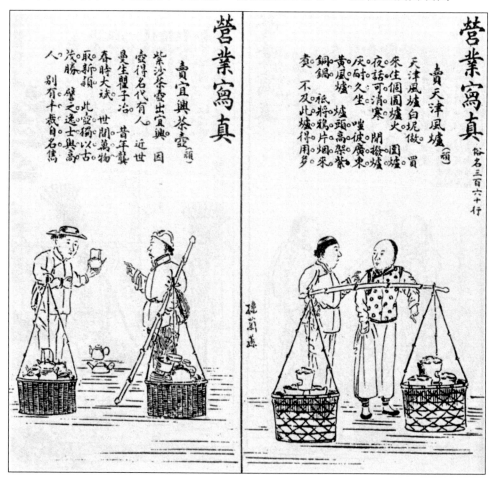

169. 煎膏藥肉

祖傳狗皮膏最妙，膏名千萬莫顛倒。到時便成祖傳狗皮膏，令人聞之發大笑。

攤膏須把藥肉熬，火功要足藥要高。不比爛泥膏藥撒爛屙，只圖搭搭漿漿貼得牢。

170. 做兜套

兜套近來製法工，七龍九龍十三龍。嵌線越多價倍貴，各把手法誇玲瓏。廿年前尚昭君套，今日女界無此帽。想因女貌少昭君，戴時恐惹昭君笑。

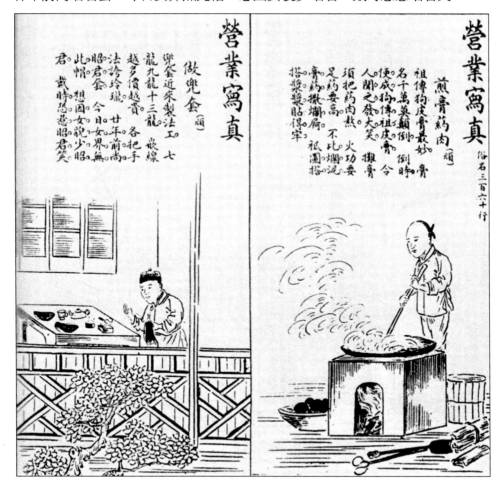

171. 做斛子

斛子司務本領好，做得斛子真巧妙。若無夾底作弊端，千斛萬斛無大小。斛子本為斛斗製，若斛豆麥亦可試。奈何難斛人間萬斛愁，空有公平好斛子。

172. 釘秤

大秤與小秤，分戥更釐戥。稱物雖有輕重殊，其力在錘不在釘。

秤錘雖小壓千斤，祛弊須由釘秤人。近日權衡將劃一，大錘小秤不該應。

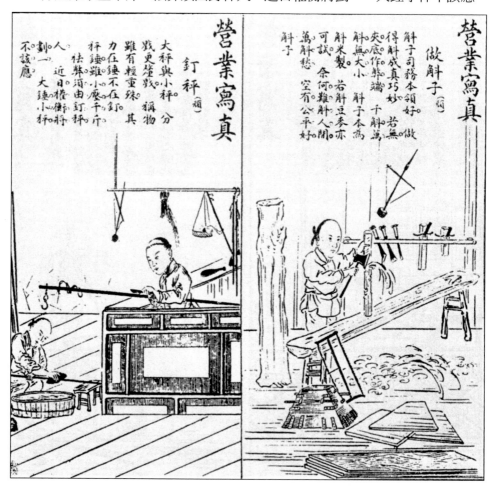

173. 羊肉擔

　　嘉興羊肉真出色，紅燒白燒俱好吃。更有羊羔美味多，黨尉當年最喜食。堪笑慳夫還價刁，便宜必要占分毫，只恐不賣便無羊肉吃，空教惹了一身騷。

174. 豬頭肉攤

　　豬頭肉攤生意忙，此肉大半銷鄉莊。不惜工夫等大肉，（買豬頭肉一名大鄉人。每等切有稍大者，皆爭購之），目光灼灼窺攤旁。

　　豬頭肉，三不精，不是價廉人豈爭。乃知低貨不愁難出賣，暢銷只要價錢輕。

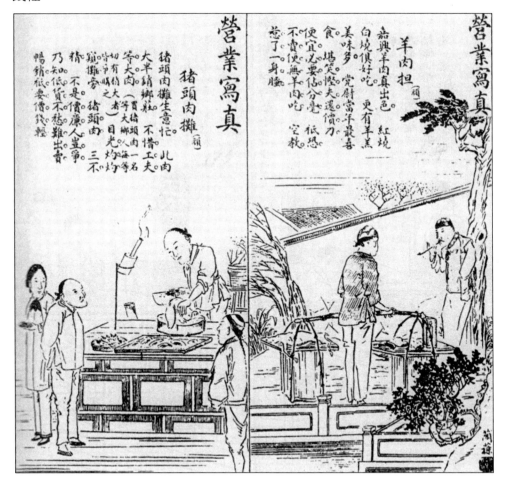

175. 切藥

切藥司務刀鋒利，絕細絕薄真道地。一樣草根木樹皮，買主眼裏看得起。乃知萬物重外觀，外觀有耀人喜歡。何況黑漆衙門開藥店，全憑製法惹人看。

176. 切麵

切麵細，縷縷好似銀絲齊。切麵粗，條條宛如腳帶拖。

腳帶近來不時路，奈何猶將帶麵做。不如細麵切銀絲，世上白銀看不破。

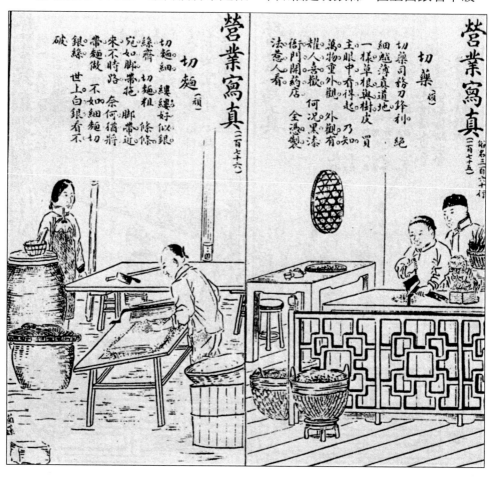

177. 敲胡桃肉

　　胡桃肉，不易剝，有殼有膈肉內縮。碎殼去膈利用敲，敲出乃可果入腹。
　　胡桃之肉多嵌挑，不敲不得真蹊蹺。為人莫似胡桃肉，惹得人人說要敲。

178. 剪桂圓

　　桂圓一名龍眼果，欲剝圓肉殼須破。女工軋軋剪刀忙，一日能剪幾百顆。
女工脾氣喜歡偷，任爾臨行仔細搜。腰下胸前難摸索，累累墳起此何由。

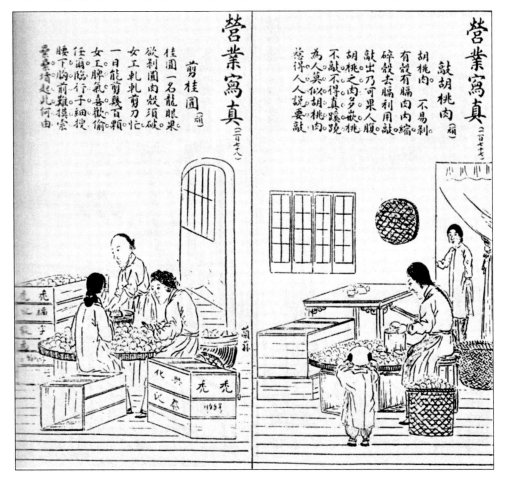

179. 方作匠

方作司務無他妙,全憑一點心田好。香楠獨幅銷圓心,一漆眼光看不到。偷工套做薄皮材,皮薄須防要豁開。倘與貪夫臨死睡,莫教伸出手兒來。

180. 圓竹匠

大小竹椅隨意做,竹頭多是全青貨。雖比花梨紅木粗,算來一樣將身坐。不過此物銷鄉村,兜賣難銷城裏人。官場更怕攙交椅,竹椅身輕見便嗔。

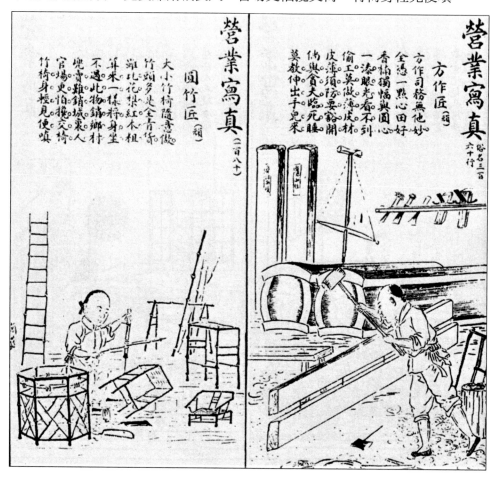

181. 賣茶壺桶拜墊

　　蒲筸製成茶壺桶，中包稻草尚可用。茶壺焗入暖氣多，不使寒天忽冰凍。蒲筸亦可製拜墊（讀如單），限時綿軟膝能彎。大可賣與懼內都元帥，免跪錢板燈籠與瓦片。

182. 賣腳爐窠草窠

　　腳爐窠，煖腳爐，女眷冬天不可無。有案不使腳慈芋，烘烘小腳血脈和。草窠鄉間小孩坐，鄉婦就窠將乳哺。留心體重草窠坍，阿呀一聲闖窮禍。

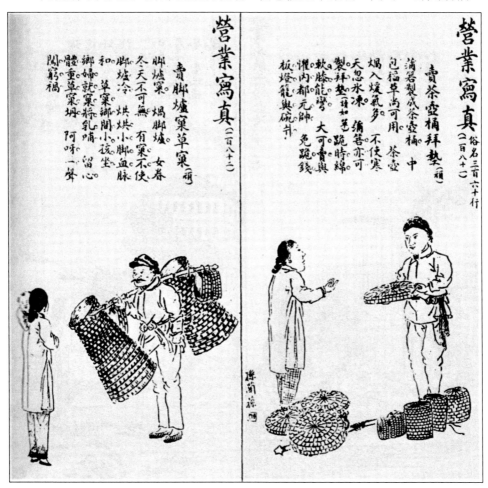

183. 揀湖絲女

　　湖絲阿姐年紀輕，只揀湖絲不打盆。揀絲究比打盆好，不使纖手受苦辛。卻怕天寒上工早，春宵苦短日易晚。小房子裏勉抽身，星眼矇朧廠中到。

184. 揀茶葉女

　　莫道女子無行業，天天茶店揀茶葉。揀粗揀細任人嘲，臉泛紅霞笑生靨。茶葉如何可定婚，只緣茶樹忌移根。阿奴尚未將茶受，可有郎來議結親。

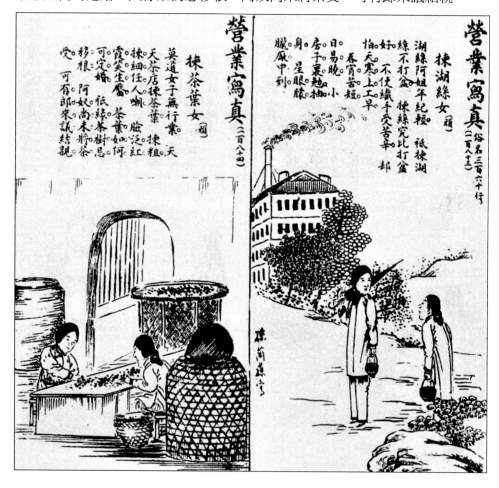

185. 轎夫

抬轎真是苦生意，上磨肩頭下腳底。大錢只賺數百文，長路須行十幾里。更怕坐轎大塊頭，兩肩壓出汗如油。行到中途呼悔氣，今朝碰著一蠻牛。

186. 渡船夫

生長渡頭搖擺渡，不載客人便載貨。雨淋日炙更風吹，那敢偷安須趕路。兩來船到喊扳艄，船後艄婆須慢搖。莫給船公來動火，一篙點進不輕依。

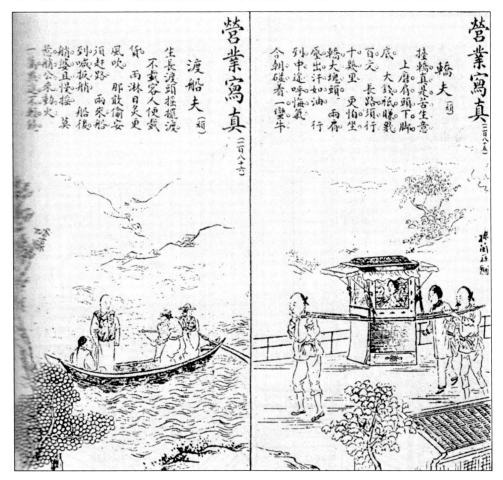

187. 雕花匠

雕花司務本領高，人物花卉多會雕。嵌空玲瓏好手段，活龍活現真蹺蹺。

雕花只怕遇朽木，任爾良工手俱縮。奈何世界近來朽木多，無從下手雕花哭。

188. 刻字匠

刻字如何亦稱匠，只有木頭刻得像。不比當世金石家，金石刻畫不走樣。昔年刻字重刻書，一書須刻數年餘。而今盛行石印兼鉛印，何況刻板文章已廢除。

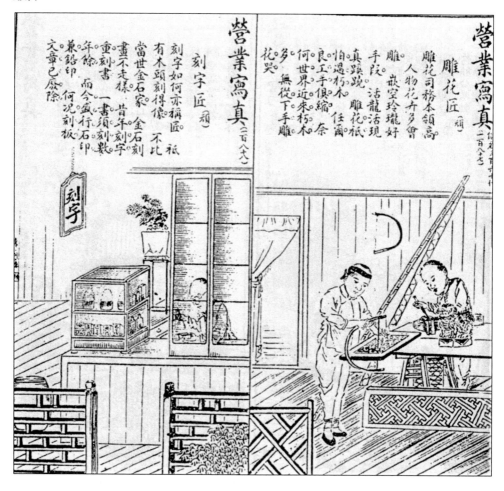

189. 賣蘆花靴

　　蘆花靴鞋鞋似靴，破靴黨人見莫嘩。蘆花蒲鞋靴，破靴黨人穿亦佳。

　　一言謹告破靴黨，從今莫現破靴狀。地方自治無破靴，還是蘆花靴子登些樣。

190. 推草鞋

　　柴扒一個草一束，推得鞋成力用足。一雙只賣幾個錢，可憐推脫指尖肉。推草鞋人手指痛，著草鞋人腳趾凍。貧民一樣父母生，受苦這般堪一慟。

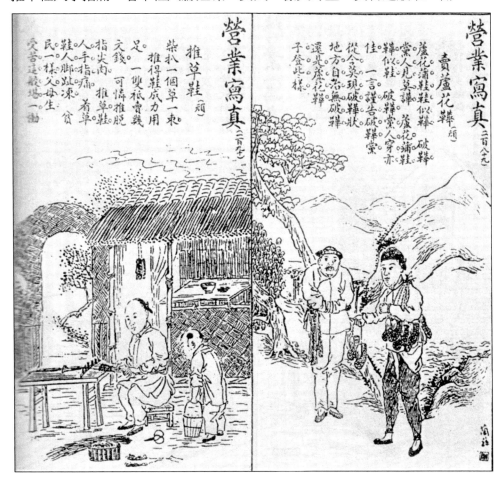

191. 賣柴

　　蘆柴稻柴花箕柴，燒茶煮飯火力佳。販賣之人莫攪水，乾乾燥燥挑上街。可歎近來柴價貴，竟比昨年加兩倍。算來年歲不曾荒，奈何竟致薪如桂。

192. 挑糞

　　糞夫擔糞街頭走，滿桶淋漓不聞臭。無夏無冬肥料收，賣入田家獲利厚。無怪世間逐臭夫，不顧臭穢將財圖。說甚銀錢多齷齪，一聞有利骨頭酥。

193. 揀雞毛

　　女工毛廠揀雞毛，只為要將上料挑。吹毛求疵古人語，應在今日真蹊蹺。昔時雞毛作肥料，近日雞毛供織造。雞毛也有得用時，無怪拾著雞毛要當令箭。

194. 剝繭子

　　剝繭抽絲辦法妙，此法竟為女工效。纖手頻將繭剝開，便堪細細將絲繰。嗟爾佳蠶命不佳，三眠三起做人家。竟遭女手來傾破，喪命亡家屬女娃。

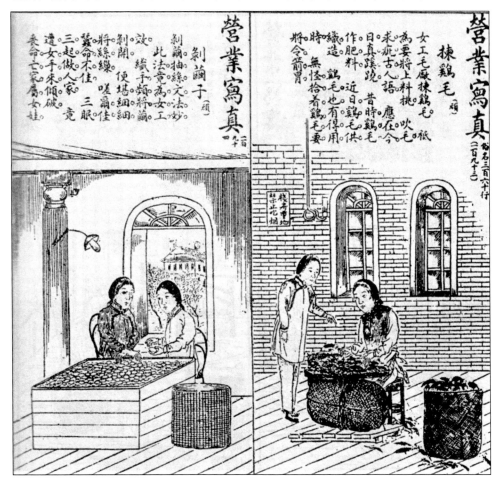

195. 做笆斗

削取柳條做笆斗,此物甚堅亦甚久。莫怪錯認是藤條,藤條白亮難如柳。
堪嗤小說慣欺人,笆斗頭臚大十分。若果頭如笆斗樣,何來栲栳大腰身。

196. 做飯籮

劈細篾絲做飯籮,大籮足盛飯一鍋。小籮亦容數十碗,裝飯似比飯桶多。
乃知飯桶真無用,若用飯籮何用桶。莫怪無用之人飯桶呼,不但只能裝飯真
惶恐。

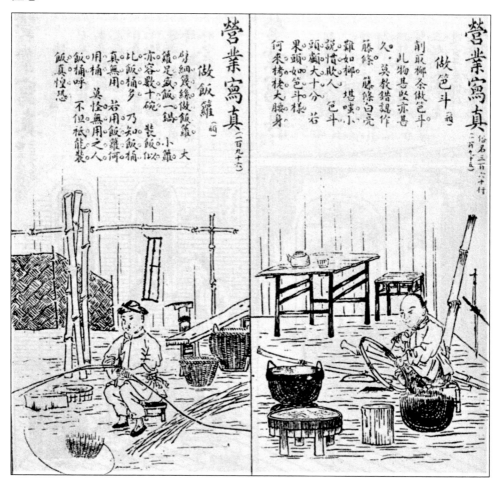

197. 賣牛乳

牛乳補身最有力，冬令服之推第一。男婦老幼皆合宜，滋味鮮甜品清潔。
無奈牛乳攙水多，水乳交融易受訛。雖教牽隻牛來挨，腕底還防皮袋拖。

198. 賣馬乳

白馬乳，治牙疳，兼能補身味甚甘。牽匹馬來當面試，熱氣騰騰將一杯。
白馬可比白人白，此語可為美女謔。服此馬乳色澤嬌，花貌雪膚真綽約。

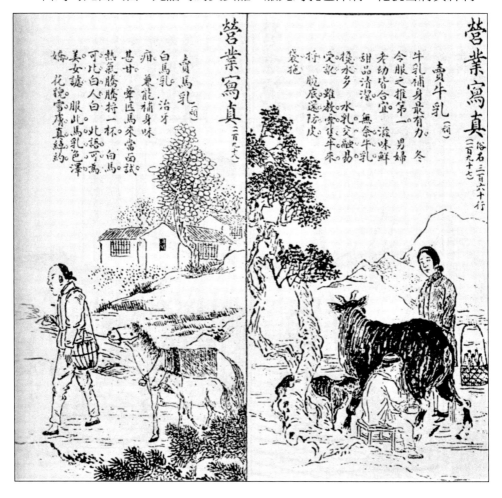

199. 做香

瞎眼牽香亮眼做，瞎眼奔跑亮眼坐。工錢反比做香多，誰憐瞎眼牽香苦。
香末因何瞎眼牽，瞎香瞎點佛龕前。若教明眼人看破，怎肯燒香瞎費錢。

200. 澆燭

蠟燭司務真道地，占要重加心要細。枝枝多是順澆成，怎肯倒澆頑把戲。
近來洋燭銷場粗，價廉物美買者多。嗟爾貢燭雖雙蓋，光亮不敵可奈何。

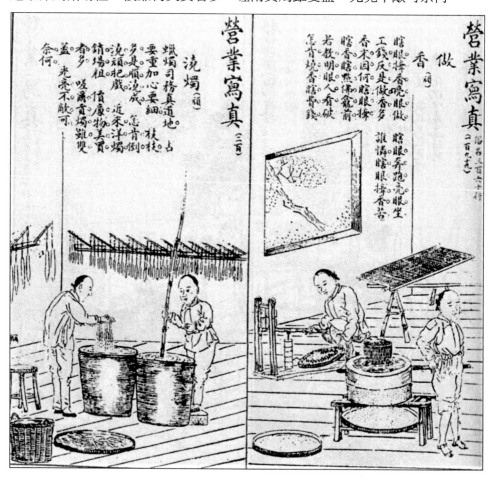

201. 做檀頭

手持刮刨做檀頭，檀頭刮得光油油。靴耶鞋耶皆可做，尖形三角圓形球。
婦女近亦買鞋著，此種檀頭須對腳。不可過大楦得寬，行路忽作鞋杯擲。

202. 車木杆

排隻車床車木杆，木杆不長亦不短。車成賣與軋花人，軋得花多杆不斷。
近來木杆欠流通，木杆字音莫幹同。應勸工人車莫幹，究心機器軋花工。

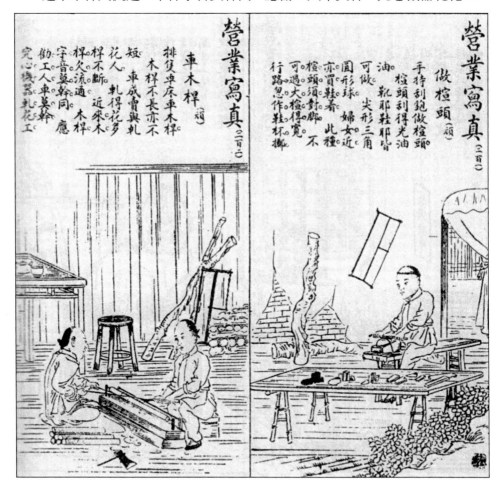

203. 紙紮匠

紙紮司務好手法，紮神紮鬼活像煞。鬼神自古本無形，意想得之虧你紮。
三齣花作橋魂燈，禪燈須紮地獄門。不圖世上紙紮匠，倘如親身到過酆
都城。

204. 糊匣子

拜師學把匣子糊，日日只將漿面塗。搭漿生活容易會，算來不必真工夫。
只恐定做玻璃匣，不好搭漿無設法。玻璃敲破要賠錢，糊勿成功活急煞。

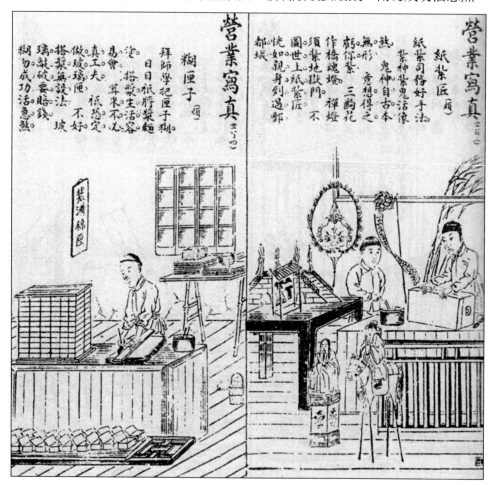

205. 排字

排字先生手段嶄，頃刻排成聚珍板。只須部位記來清。架上拿拿不用揀。

昔人刻書需數年，今日排書只數天。只恐排書容易著書襪，排得書多不值錢。

206. 印書

機械印書真便當，一刻可印一大撞。又省工夫又省錢，又是玲瓏又清爽。

印書第一墨要精，機器墨膠多鮮明。不比木板昔用臭墨水，印成狗屁文章臭不清。

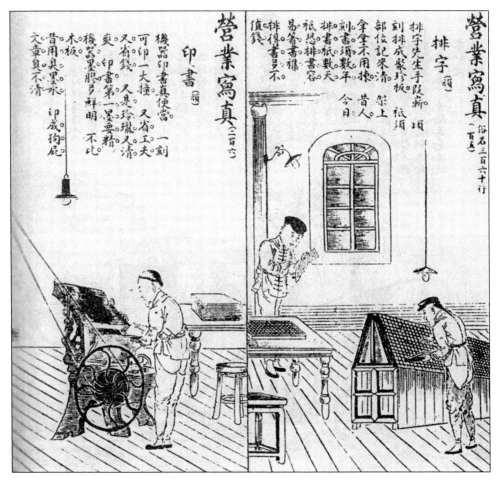

207. 鑄鑊子

冶坊司務鑄鑊子，風箱扇得爐火熾。大鑊小鑊任意澆，脫手而出真本事。

近來機器有鍋爐，不比尋常大小鍋。此物冶坊鑄不得，究嫌製造少工夫。

208. 賣砧礅

大小砧礅一擔挑，肩疼腳軟街上跑。一日只能賣幾個，獲利雖厚難暢銷。

買得砧礅付廚子，刀聲不斷將礅試。想是此礅命該萬剮與千刀，世間萬惡兇徒亦如是。

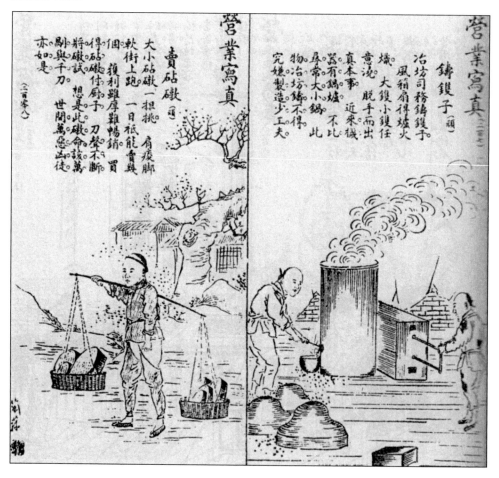

209. 賣累沙圓

沸燙百熱累沙圓,滴滾溜圓像湯糰。湯糰下湯此乾吃,外面徧裏沙團團。

世間萬事脫累貴,此圓奈何甘受累。譬諸因人成事人,不能獨立須倚賴。

210. 賣金團

冷金團,活咽煞,熱金團,活燙煞。不冷不熱最得法,不過吃在口中膩夾夾。

莫道金團滋味劣,此物做成仗團力。只因團力得來堅,但可併吞不可擘。

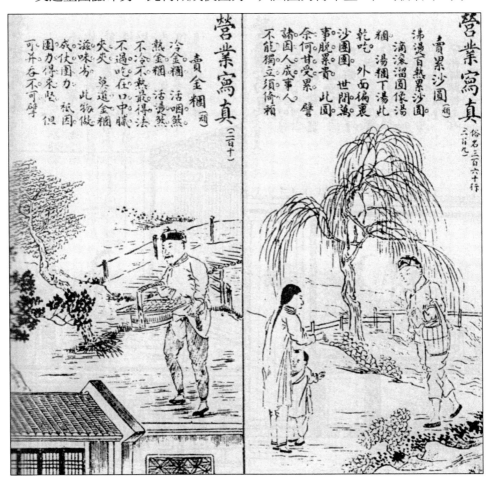

211. 刨旱煙

手持大刨刨旱煙，曲背彎腰真吃力。一日能刨葉幾層，不到上燈工便歇。

人人多愛香煙香，不想旱煙價廉香煙貴，奈何流出金錢到外洋。

212. 車玉器

玉不琢，不成器，琢磨全仗崑刀利。腳踏車床手握沙，切磋不厭工夫細。

為人須似玉玲瓏，雕琢應該學玉工。留意磨將瑕玷淨，守身期與白圭同。

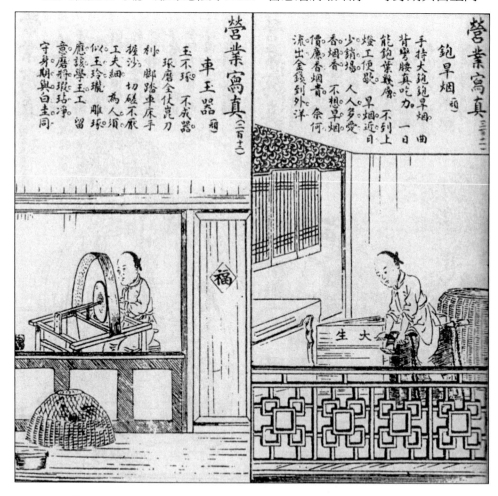

213. 做雨傘

寧波雨傘最出名，紙堅骨勁做得精。不怕傾盆來大雨，撐起只管街上淋。

近來雨傘銷場細，只因洋傘搶生意。譬諸裩襪子與紈褲兒，一太貧窮一美麗。

214. 做皮鞋

皮鞋本是外國貨，近來中國也會做。底堅面韌最耐穿，天好雨落著得過。

天官履，學士鞋，不及西鞋製法佳，無怪官場今日無威勢，進步難求暗愴懷。

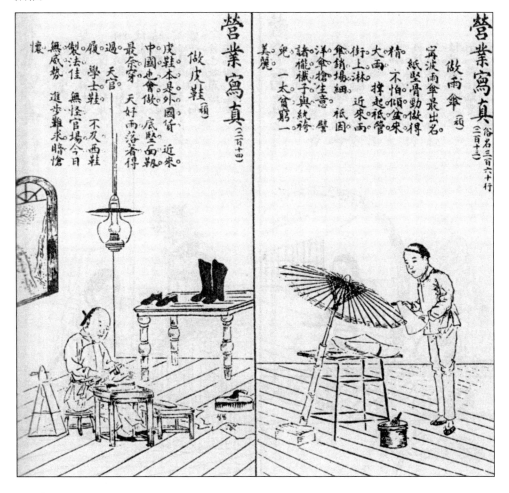

215. 結網套

髮髻用網蘇州起,嵌空玲瓏結束細。網牢雲鬢不使鬆,要令青絲結團體。
婦女本有情網張,網羅男子入柔鄉。而今自己投羅網,也為梳妝欲媚郎。

216. 做胭脂

胭脂顏色鮮明好,腥紅點上櫻桃小。比之臂上守宮砂,香口更增無限俏。
戲文近禁賣胭脂,女郎低首暗沉思。中間一點紅難買,科白調情語忕癡。

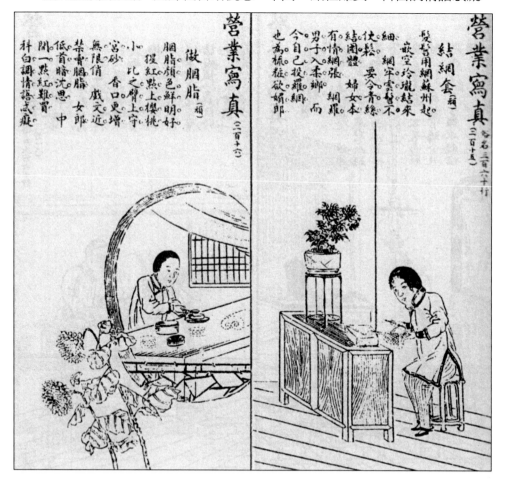

217. 搖繩索

嚦嚦喙喙搖繩索，搖得手痠臂膊曲。小繩尚易大繩難，千搖萬搖難收束。古言繫日須長繩，此繩如何搖得成。乃知有意將人警，繫日無繩日易沉。

218. 做椅墊

嗶嘰大呢做椅墊，縫以粗針與蠻線。算來沒甚細工夫，欲買那知價不賤。近來製法多精工，富家椅墊做絲絨。雖然坐得臀尖暖，還比狼皮褥不同。

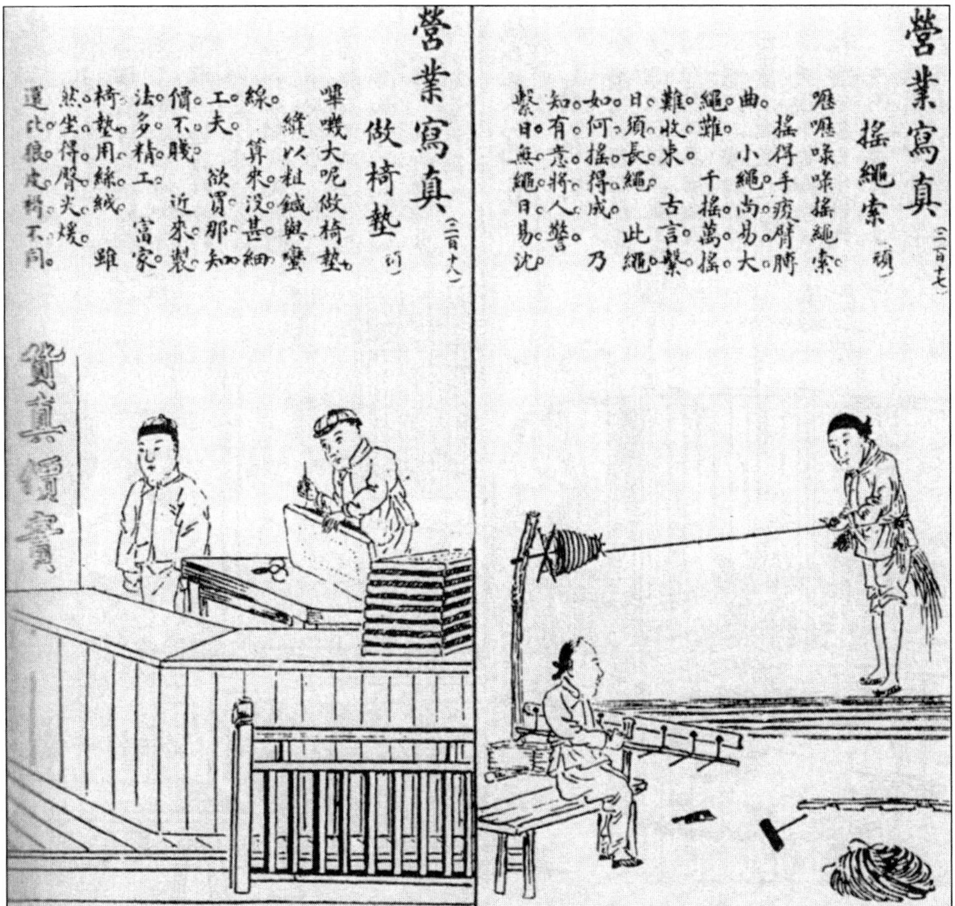

219. 踏麵筋

麵筋店裏踏麵筋，終日不怕腳指痛。麵筋雖好腳凹臭，奈何食者如不聞。

況有腳皮有腳屑，踏入麵筋更不潔。豈因無錫之人腳最鮮，故而麵筋出名算無錫。

220. 磨坊司

磨坊司務打麵篩，不打麵篩無工資。劈拍劈拍又劈拍，驚得牯牛牽磨不敢遲。

不見近來麵粉廠，雪白麵粉俱用機器打。機器馬力比爾人力牛力多，打出麵來況漂亮。

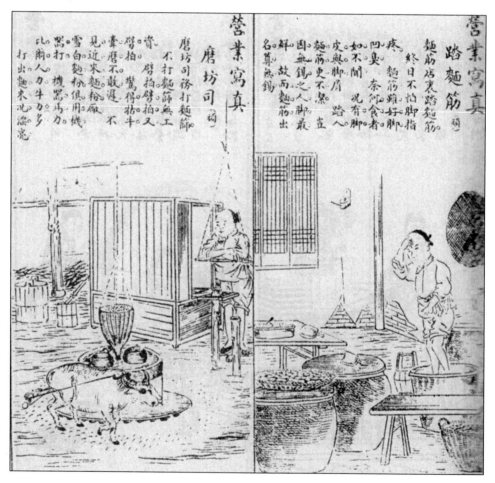

221. 裝佛匠

拜個師父學裝佛，留心開相莫夾雜。金剛怒目菩薩慈，羅漢如瘋觀音活。

裝得佛成眼不開，開光要等施主來。乃知見錢開眼佛尚作此態，無怪世人眼裏只貪財。

222. 刻竹匠

嘉定刻竹最出名，或書或畫刻法精。帽筒珠盒宜貴室，筆床墨架宜書生。

只有壓風臂擱今莫刻，恐被蒙館先生持作戒尺擊。新法教育不許打學生，管甚學生字不識。

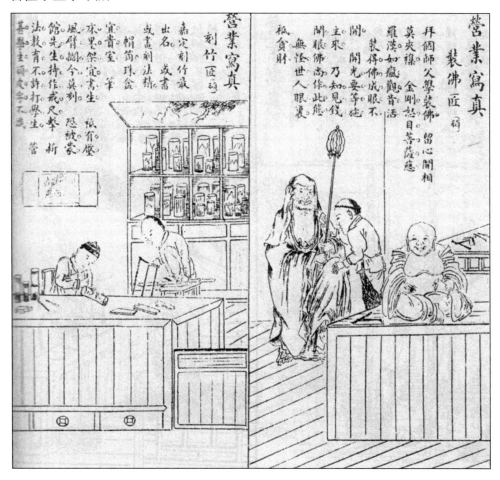

223. 毛毛匠

毛毛匠，手段好，拼拼湊湊將皮弔。千針萬線早成衣，破綻全無真巧妙。

青種羊，紫貂皮，元狐名貴紅狐稀。皆可製成翻轉皮馬褂，莫把白狐翻轉像孝衣。

224. 踏布匠

踏布司務兩腳忙，拍成八字淚汪汪。一日能踏布幾匹，匹匹都要踏得光。

石元寶，兩頭翹，此寶那及金銀好。況上且謹防壓穿腳板頭，未進染缸染來顏色俏。

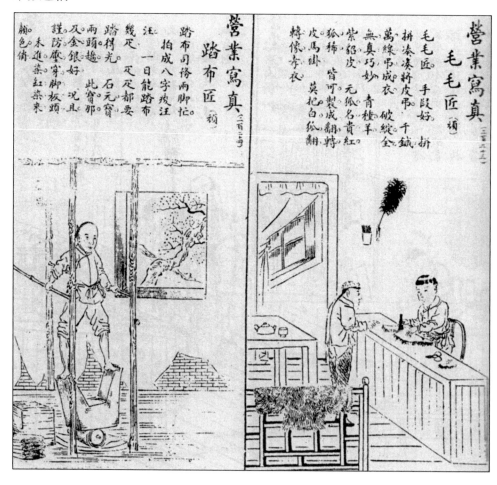

225. 賣橘子

寬皮福橘甜如蜜,福如東海名何吉。況復殷紅顏色鮮,寶光勝似原砂漆。
山中奴隸橘千頭,坡老吟許在惠州。福橘尚遭奴隸貶,人中奴隸更應稠。

226. 賣橙子

喜見橙兒赤蠟黃,鄉人擔賣滿筥筐。酸風一陣鼻邊逗,厥味過於梅子香。
橙種乃是波斯出,當初本為外國物。而今土產屬中華,卻有小小利源歲
輸入。

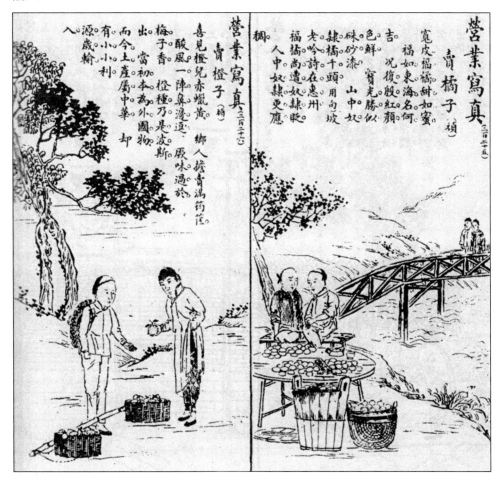

227. 泥水匠

邋遢泥水匠，最是齷齪相，搬磚人省土化石灰，污泥滿身癲團樣。

造得屋成粉刷新，間間屋內沒灰塵。始知操業邋遢做工不邋遢，不比慣撒爛屙邋遢人。

228. 木匠

木匠司務大本領，專替人家造房子。造成更要做裝修，門窗格扇多精緻。

只憐木匠太勞神，輸與空中樓閣人。魯班先師應拜伏，不及脫空祖師意匠新。

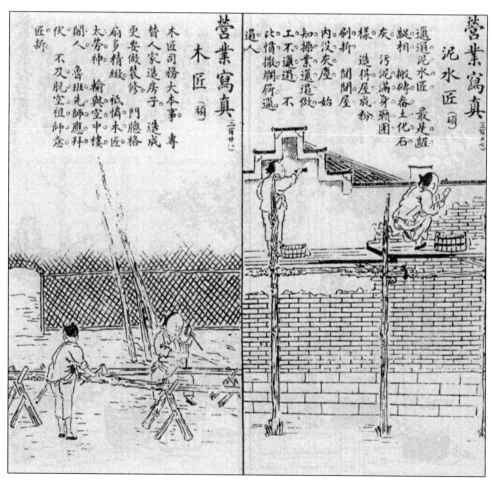

229. 石匠

石匠生活真吃力，一半做工半休息，所以出名石半工，不到天黑工便歇。

力士開山記五丁，神工鬼斧令人驚。近來石匠何無用，一個榔頭重不禁。

230. 船匠

船匠造船真費事，無年無月難下水。造得船成抹好油，還要定個船八字。

船有八字真蹺蹊，可有富貴窮通與壽夭。可是命內三行只有木金水，忌土擱淺忌火燒。

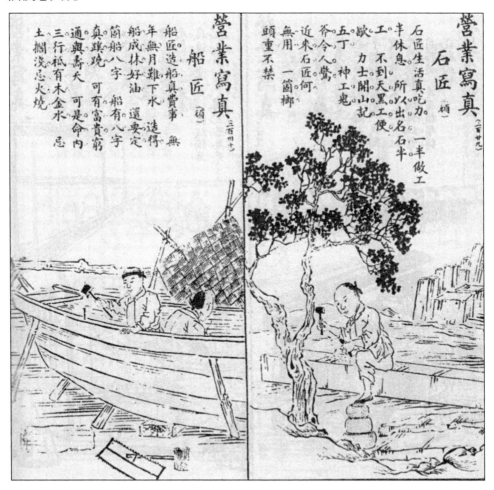

231. 染坊司

染坊司務手段好，五顏六色染來俏。一入缸中白色無，任爾如何難再漂。

落缸更忌玄色缸，一無還復沒商量。所以品級獨無玄色頂，貴人頭上忌無光。

232. 紅坊司

白色惟紅最動目，紅幫司務生意足。不染別色只染紅，染得兩手都如紅蘿蔔。

我聞官界重紅人，一見紅人必獻勤，倘與紅幫司務遇，是否抱臀捧屁亂紛紛。

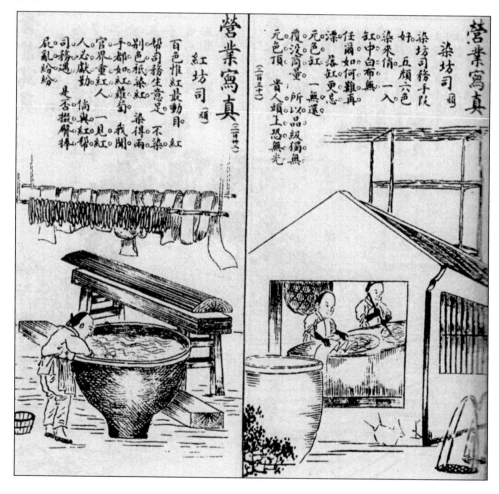

233. 做銅鎖

拜師學做廣東鎖，吃盡千辛與萬苦。只因各種鎖簧多，一時難悉機關部。

做鎖更須做鑰匙，七彎八曲費心思，輸與偷兒巧換鎖，捵鎖惟憑小鐵絲。

234. 洋鐵匠

洋鐵東西真精工，製成差與錫器同。錫器翻似太重笨，不及洋鐵多玲瓏。

只嫌洋鐵雖輕巧，鐵銹易生爛尤早。中國爛銅爛鐵猶值錢，試問洋鐵爛時那個要。

235. 燒鹽

海水化鹽法子高，設灶各把鹽來燒。官鹽價貴私鹽賤，貪賤乃致私鹽銷。礦綱不振利源溢，私灶日多禁不得。況有洋鹽進口來，絕細雪白人爭食。

236. 打米

米粒不打顏色糙，粒粒那能雪白好。滿臼搗來米粉勻，譬諸女郎撲粉殊堪笑。

每日臼前忙不開，渾身粉屑白皚皚。偷閒偶向人前到，引得人人呼是舅爺來。

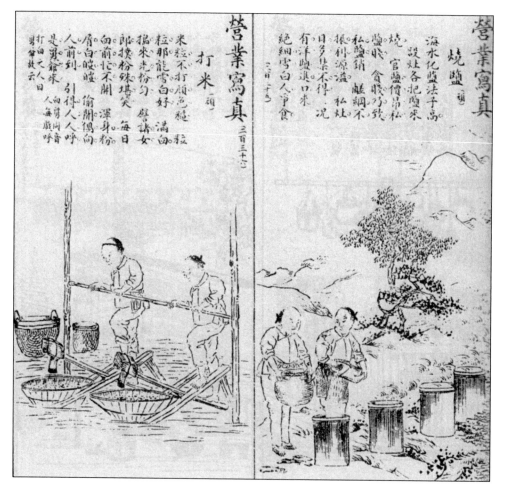

237. 虱笪

虱笪本是瞎熱昏，胡說亂道真騙人。一對香燭白點脫，搖空那有關王神。

虱笪莫經尼姑手，陰陽聖卦難分詐。只因六片乃地卻有八片開，多出兩片陰封偶。（音有聯曰，和尚搖船，上中下三光齊動；尼姑虱笪，陰陽聖八片齊開。故云。）

238. 銜牌算命

算命已是口嚼蛆，銜牌算命更把人來欺。鳥能為人把命算，因何不算自己難高飛。

開籠銜出一張紙，大言不慚斷八字。破迷來個北方人，咱的命兒干鳥事。

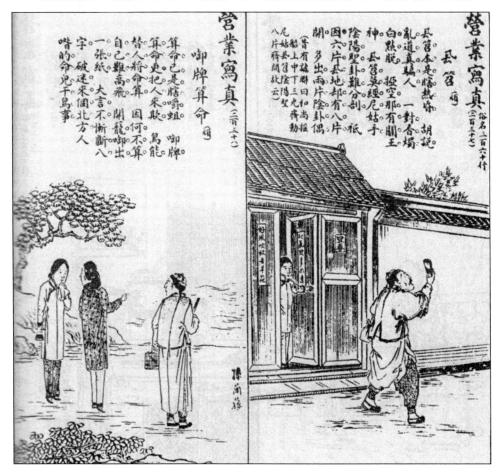

239. 剪襪底

襪底多發女工剪，每日可剪千百片。剪刀軋軋指頭痠，磨得指尖起老趼。
老趼應從足趾生，女工偏向指尖成。熬辛剪得錢無幾，況值錢荒愁煞人。

240. 紮鞋底

鞋底作中紮鞋底，各獻手段試絕技。一樣紮成底一雙，堅鬆軟硬工夫異。
耳聞麻線響颾颾，拉住線頭用力收。力重卻防麻線斷，鑽兒戳破膝饅頭。

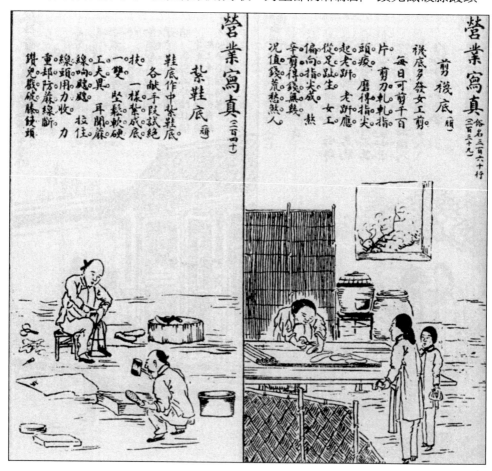

241. 做繡幣

千針萬線做繡幣，女紅之中稱精緻。手帕能繡兩面花，兩面光鮮真本事。
刺幣年來更發明，畫屏畫鏡勝能成。遂教繡幣難專美，只算繡繡不算精。

242. 織帶

排隻小機把帶織，織得機聲響格格。多少工夫始織成，當機只見將梭擲。
帶圍寬窄任人量，尺寸機中見短長。只恐相思容腰瘦，攔腰一束痛難當。

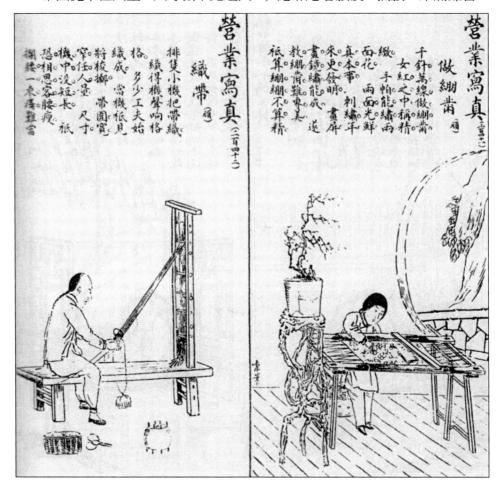

243. 做絨花

絨花近日不時路，對對竟成脫銷貨。此花本來喜事銷場多，近來喜事不用何必做。

不如改做像生花，枝葉鮮明手段壓。不見女學堂中手工好，奈何輸與女兒家。

244. 打絲線

扣住絲頭將線打，銅駝搓得吱吱響。愈搓愈緊絲愈光，一架可成線數丈。

打得線成貨女郎，夥兒輕薄不相當。說甚短長粗細憑挑選，不怕當場吃耳光。

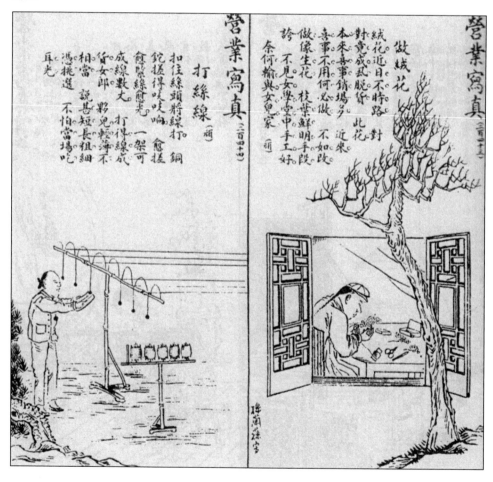

245. 敲石子

馬路丁丁敲石子，苦工本是犯人始。而今改作小工敲，免此刑事曹董事。
（聞犯人敲石子定章，由城中紳董曹姓京請豁免。）

榔頭敲得臂彎疼，大塊紛紛變作拳。嚇嚇有時飛石火，眼花撩亂一團團。

246. 做竹籌

削取竹片做竹籌，又光又滑又齊頭。此項竹籌何匠司，挑貨記數將它收。

算學近來有籌算，乘除加減將籌看。不比珠算猶易訛，一子打差滿盤亂。

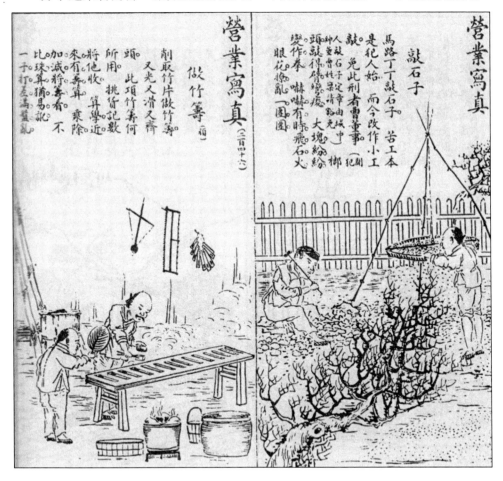

247. 淘沙

畚箕一隻淘沙去，海水茫茫站難住。雖然沙裏有金藏，每次能淘金幾許。近來中國礦難興，要想淘沙淘不成。還是浜頭淘物去，亂磚瓦裏摸金銀。

248. 挑水

水夫挑水真可憐，下磨腳底上磨肩。腳底欲穿肩欲腫，只為要尋糊口錢。不料各處近有自來水，不必挑水水自至。看來水夫從此須改行，靠水吃水不濟事。

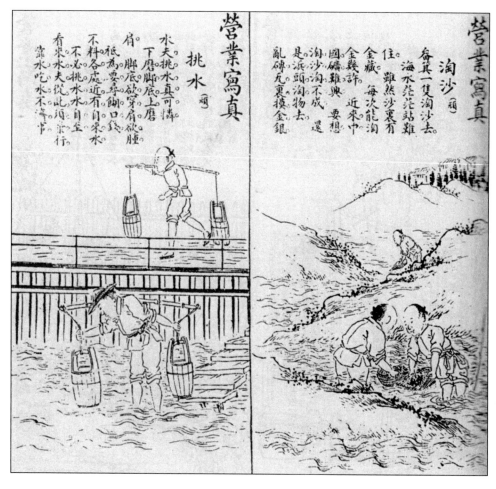

249. 做水煙筒

揀選雲南好白銅，銅匠專做水煙筒。打磨質地須光潔，仿造式樣須玲瓏。

我聞昔年風俗與今異，人家呼吸水煙嫌破費。至今盛行香煙雪茄煙，區區水煙之資何足拒。

250. 大旱煙筒

生煙筒，五尺長，滿裝煙葉香奇香，鄉下老兒此倘徉。

可惜此物太覺憨，隨身攜持無處放。倘教走到洋場來，旁人必然錯認趕狗棒。

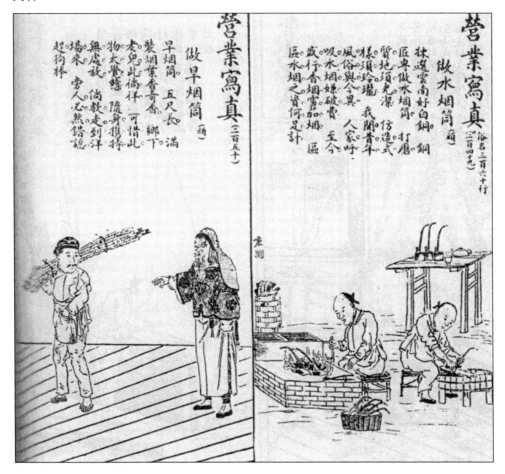

251. 做竹簾

劈細竹絲做簾子，做得簾成真雅致。既篩明月又篩風，花影能篩尤韻事。

卻笑古人好大言，詩中每詠珍珠簾。果把珍珠做簾子，可有玉柱金梁翡翠簷。

252. 打金箔

手執榔頭打金箔，墩上唯聞聲卜卜。每日不怕手臂疼，只要打來金葉薄。

千擊萬搗金箔成，榔頭撤去不須擎。臨風卻莫偷開看，吹去頻聞阿喲聲。

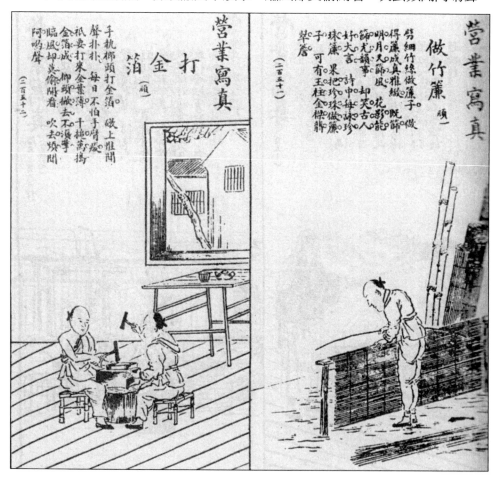

253. 挖煤

結伴登山去挖煤，山中有礦本須開。只防煤質多鬆軟，切莫連山塌下來。

有煤堪挖直須挖，休慮山崩起疙瘩。旁觀虎視大有人，莫被礦權入手無設法。

254. 牽礱

排部礱車牽礱糠，糠秕牽去白米光。牽礱宜快不宜慢，一慢壓得米粒傷。

牽下礱糠何出路，豆腐店裏燒豆腐。千萬不可戲搓繩，難得搓長白辛苦。

（諺有「礱糠車繩準得長」之說，故云。）

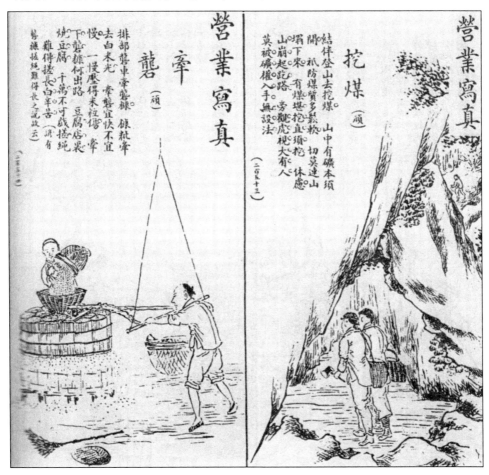

255. 殺羊

磨刀霍霍將羊殺，殺罷剝皮將毛拔。居然不怕羊自強，還要洗洗與刮刮。
洗刮已畢割羊頭，全羊剁碎鍋中丟。架起松柴燒要爛，論功應賞爛羊侯。

256. 釘馬腳鐵

要釘馬腳鐵，須防馬腳踢。四馬攢蹄捆縛牢，不踢乃能奏功疾。
愷彼馬屁鬼無能，誤拍馬腳反受驚。快些拜師學釘馬鐵腳，看他釘得四蹄輕。

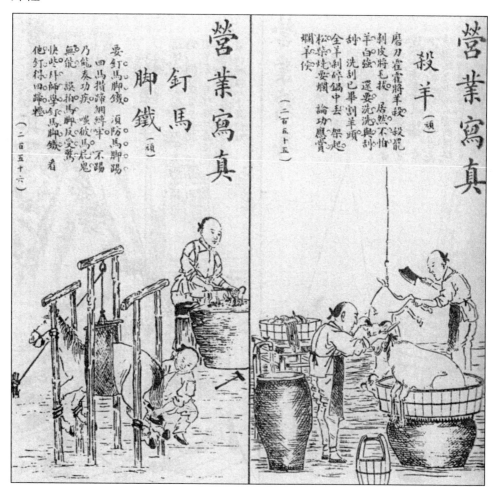

257. 做招牌

　　漆匠開間招牌鋪，專把各樣招牌做。字要端整漆要光，不怕終年無主顧。
兼為官長做銜牌，到底官場出息佳。做好銜牌門口插，招徠生意勝商家。

258. 修鐘錶

　　鐘錶本是西洋造，報時報刻工夫巧。偶然損壞須要修，華人已得西人奧。
西人製造試精工，華人心思亦玲瓏。奈何鐘錶能修不能制，只因缺少機廠
難成功。

259. 做棕印

棕印不知何時始，細剪棕毛紮成字。底板條承以一方，長短大小隨意製。
上海灘上貨物多，裝箱打包忙若何。拍拍敲來棕印響，各家牌號不模糊。

260. 刻石碑

勒碑刻銘業最古，手法遠勝刻字多。青石一方細細鑴，筆跡不教稍錯誤。
古人勒碑崇實勳，今人勒碑多虛文。碑成似聞贔屭歎，盜名欺世歎今人。

261. 做洋鏡

　　古時只有青銅鏡，以銅為鑒衣冠整。近來鏡子用玻璃，相對能窺毛髮影。
　　做成明鏡照妍孃，醜婦凝妝有所思。莫道阿奴容妍孃，可曉情人眼裏出西施。

262. 做木梳

　　黃楊木梳常州產，卷光滴滑真正嶄。七隻木梳一套成，大大小小憑客揀。
　　近來新做月牙梳，背要彎彎齒宜粗。架起女郎劉海髮，宛如腦箍帶髮束頭陀。

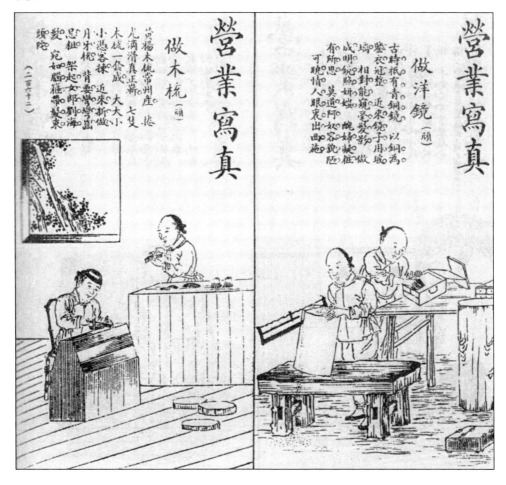

263. 賣紅蘿蔔

紅蘿蔔，顏色好，鮮紅更比胭脂俏。大者如盎亦如杯，小者恰如頂子殷紅妙。

買時切記休糊塗，此物由來空心多。最像少年浮浪子，只有衣衫麗且都。

264. 賣水蘿蔔

絕嫩水蘿蔔，清涼又解毒。莫言土中掘出多污泥，只要渾泥漿裏一洗白於玉。

此物揭汁利喉科，若教切片喜比洋錢多。只恐一擊斷成一撅撅，千定不可拿來敲金鑼。（俗有「水蘿蔔敲金鑼，撅撅斷」之諺，故云。）

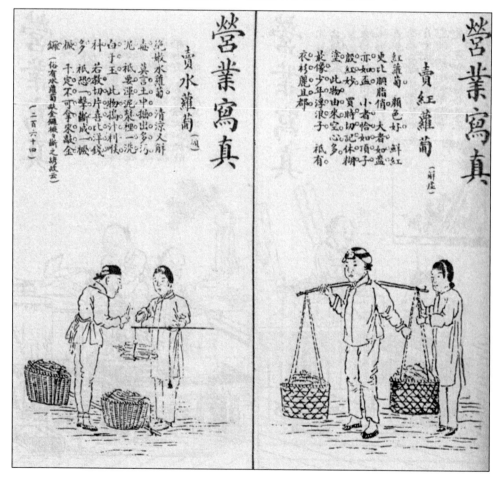

265. 打笆

劈碎竹爿打竹笆，笆成可把房屋遮。竹爿要直又要厚，不妨多把錢來花。

藩籬之義須堅固，此義無分今與古。藩籬一撤防有外狗鑽，那可偶令籬笆破。（「籬笆破、外狗鑽」諺語也。然此諺語煞有至理。故及引之。）

266. 做蘆席

蘆柴本是灶下物，做成蘆席用場活。既好搭棚又打笆。蓋蓋紮紮銷路闊。

不過切忌床上鋪，睡蘆席者非丈夫。可知蘆席上與蘆席下，無非一對搭拉蘇。

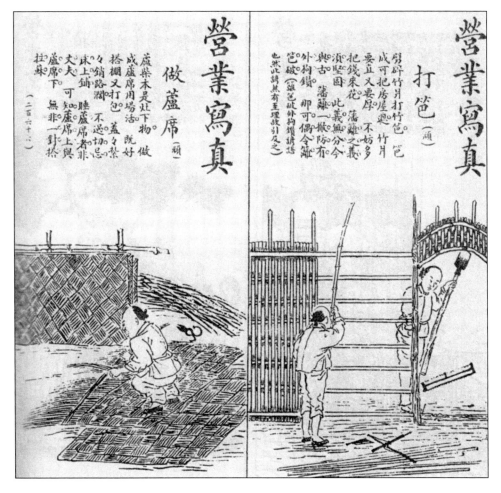

267. 拍小照

拍照之法泰西始，攝影鏡中真別致。華人效之亦甚佳，栩栩欲活得神似。

拍照雖無男女分，男女不妨合一幀。不過留心家內胭脂虎，撕碎如花似玉人。

268. 畫小照

千看萬相畫小照，一筆不可偶潦草。部位要準神氣清，方能惟妙更惟肖。

只恐名雖寫真寫不真，五官雖具一無神。拿回家婆兒子不認得，多說何來陌路人。

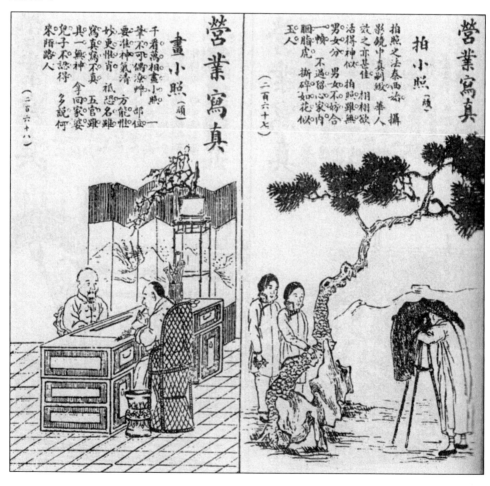

269. 刨方磚

清水匠，刨方磚，清水生活本領高。刨得方磚鋪地用，廳堂穩步何坦然。
近來建築尚西法，水門汀泥價不辣。塗成塊塊似方磚，不必創他自光滑。

270. 做板箱

鋸開木頭做板箱，板要乾燥釘要長。七拼八湊費手腳，兩面還要創得光。
板箱本來嫁妝用，原漆漆來紅凍凍。近來官箱改用紅木多，板箱司務喊
惶恐。

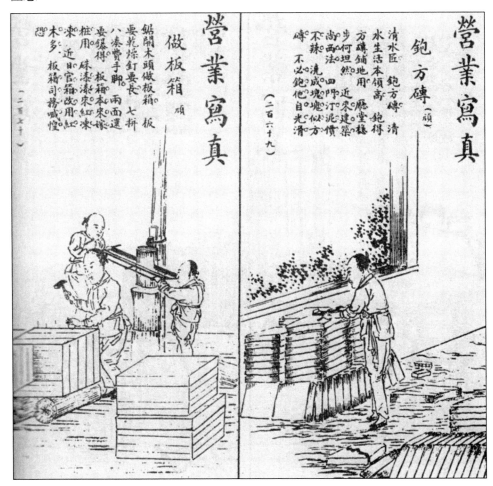

271. 磨麻油

小磨麻油滋味好，噴香觸鼻真佳妙。驢子牽來磨上濃，澄清須向缸中提。

外國醬油外國鹽，外人奪利耗金錢。恰喜外國麻油還未有，利權雖小尚完全。

272. 做塌餅

塌餅司務好生意，做成烘入餅爐裏。朝板盤香蟹殼黃，（皆餅名）。還有瓦片（亦餅名）名色異。

瓦片餅，銷場粗，只因近來蹩腳大少多。當日山珍海味難下嚥，試問今朝啖餅味如何？

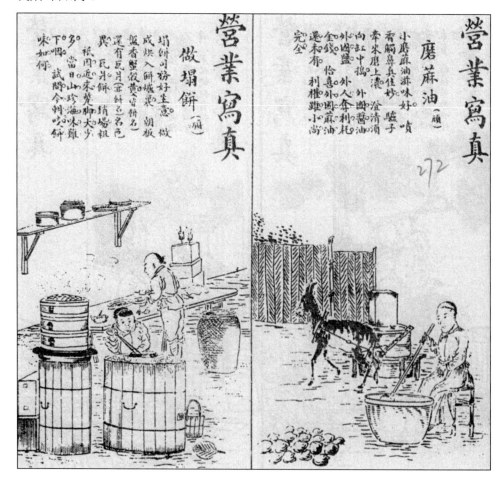

273. 修義袋

手執麻繩修義袋，只怕爛袋不怕碎。爛袋難修碎好修，碎處何妨補一塊。
補得袋中漏洞無，鈎針切縫不模糊。應笑說書先生補漏洞，掩手跺腳無此
好工夫。

274. 軋花

老法軋花欠高妙，軋得手痠出花少。新法何如機器佳，又有工夫又靈巧。
我憶當年黃道婆，造棉新法想來多。道婆若使生今日，研究機工更若何。

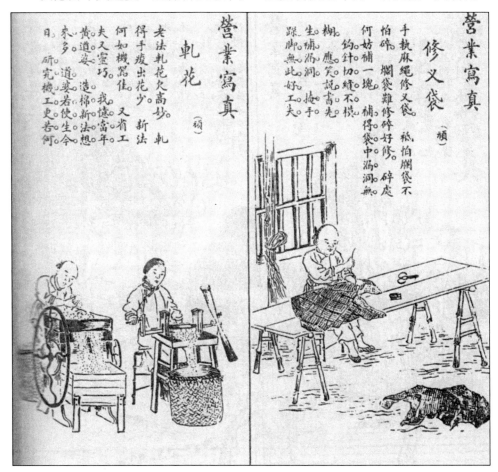

275. 挑冰

冰廠替挑冰，浜頭日日臨。擔中冰片片，籃底水淋淋。

堅冰乃由薄冰結，易筮履霜堪警惕。所以古人杜漸更防微，如履薄冰心惕惕。

276. 賣黃泥

小本開爿黃泥作，掘得泥來堆壁角。每擔要賣數十文，爛泥生意殊不惡。

雇只小船去裝泥，大膽公然刮地皮。不肯留些官長刮，故將手段弄蹺蹊。

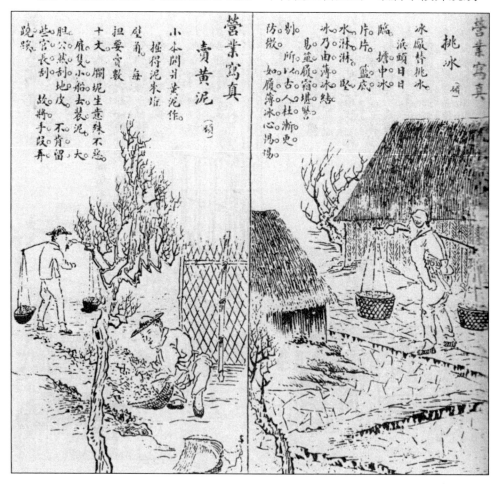

277. 揀羊毛

羊毛作裏揀羊毛，不怕腥臊將毛撈。做絨做氈或做筆，各有應用須細挑。

羊毛出在羊身上，既是羊毛應一樣。那知一揀判高低，大有烏糟與白亮。

278. 做明角燈

明角燈，製法古，當年曾把宮燈做。而今晚間擺款屬官銜。明角燈明官升座。

手持烙鐵烙燈泡，殼處還將剪夾牢。做得燈成光不亮，只因帶些官派算他高。

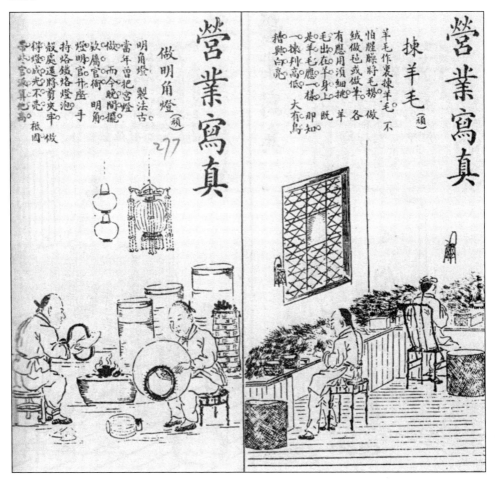

279. 做墨

松煙桐墨京墨妙，五百斤油徽墨好。一樣是墨各不同，不在製法在墨料。
古墨輕磨滿兀香，寫來字跡黑而亮。休磨劣墨貪廉價，滿紙浮渣臭得慌。

280. 做硯子

硯子石頭做，文房真寶貨。一生一世磨不穿，不比寒氈坐得破。
硯田墨水汨汨流，以墨為耨歲有秋。卻怪世人無墨水，不如此硯實堪著。

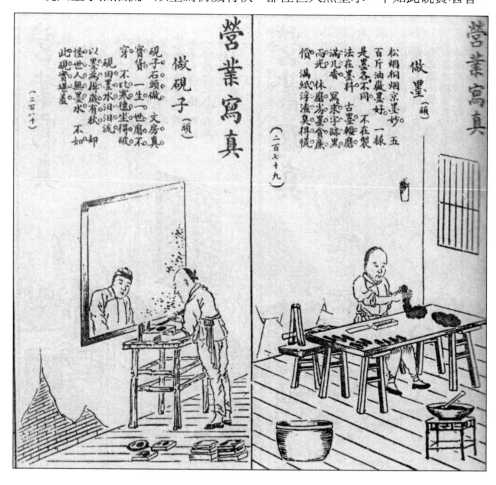

281. 賣菜

　　肩挑擔子喊賣菜，碧綠冬菘滿籃載。自古菜根滋味長，耐久咬嚼令人愛。

　　吃苦菜者中狀元，居然苦菜不寒酸。那料近日已無狀元中，說來吉語不相干。

282. 賣胡蔥

　　胡蔥味道實特別，絕無蔥臭肥而潔。青者不如黃者佳，異於食菜去黃葉。

　　食蔥聞道氣能通，只為心虛蔥管空。我願世間腸笨者，開通智慧吃胡蔥。

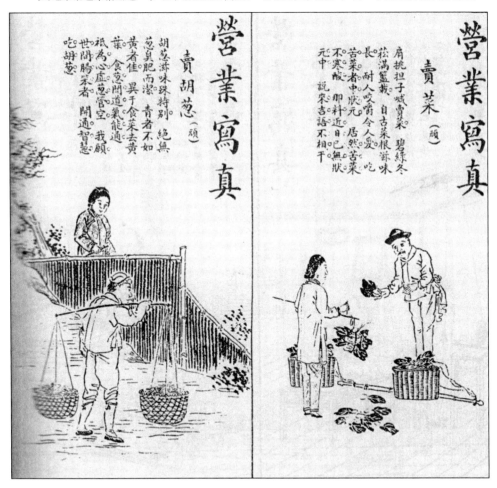

283. 打銅箍

銅箍打來作何用，打得箍成箍木桶。扁箍不及蘆殼精，千敲萬擊工夫重。笑煞團團馬桶笨，比人頭髮約約乎。奈何劉海新留著，一任箍兒馬桶呼。（俗謂「劉海髮長者口水缽頭新，而短者曰馬桶絲亦短亦哉。）

284. 拈金線

生絲一縷拈金線，青金赤金隨意便。拈來只要是真金，不怕他年顏色變。

金線持成備繡花，有金始覺有菁華。莫怪為人也會金生色，季子多金為世誇。

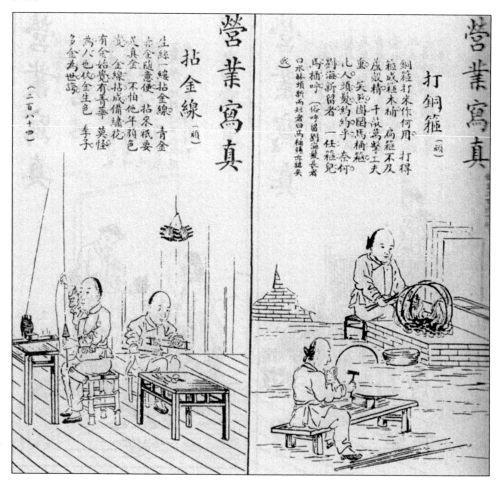

285. 裝自來火

自來火，真精工，此火之來由地中。總管一枝道旁伏，接裝支管處處通。
裝管工人本領巧，鐵梗長短截來妙。不過切忌癩痢頭，和他頭上先火冒。

286. 修電線

電報局裏裝電線，電報來時線上不看見。電燈公司亦需電線裝，電燈來時
線上無燈光。

電線若壞須修理，電報電燈皆一體。不過近來報館無線電報多，工匠聞之
先詫異。

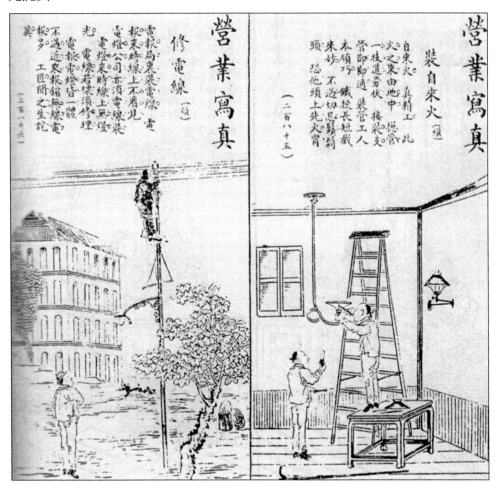

287. 摺書

摺書女子把書摺，頃刻摺成書疊疊，第一莫使頁數訛，多頁少頁須檢出。
只怕粗心碌亂披，天頭地角有高低。書坊夥計工調笑，笑說因甚頭齊腳不齊。

288. 釘書

小本開片釘書作，釘書生意殊不惡。女工拈針把線穿，男子執鑽將孔鑿。
男男女女共做工，一書片刻釘成功。勾針無女針難紉，鑽眼非男眼不通。

289. 摸螺螄

摸螺螄，須赤腳，赤腳乃能摸得著。一摸一把螺螄多，瞬間裝滿簍一隻。

可笑俗語真荒唐，說甚螺螄殼裏做道場。螺螄殼裏真有道場做，應該摸出和尚道士道場箱。

290. 賣水菜

水菜肉，小者好，絕嫩絕鮮滋味妙。一大便恐燒不酥，一老更其難嚼咬。

君不見，老蚌精，水邊夜夜放光明，雖然孕得明珠好，不過一孕明珠吃不成。

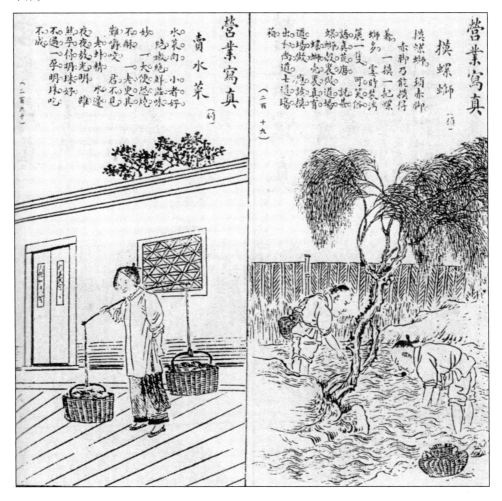

291. **賣雪裏蕻**

太湖雪裏蕻,上口辣蓮蓮。沖湯有滋味,吃粥最名工。

此菜乃從雪中醃,堪與鹽虀將臘餞。只恨食之熱性少,口燥眼紅不方便。

292. **賣乳腐**

醬乳腐,糟乳腐,此物最好無錫做。不圖更有臭東西,臭乳腐亦出名貨。

乳腐越臭味越鮮,逐臭之夫爭出錢。買來下飯兼下粥,討好喉嚨不怕鼻子嫌。

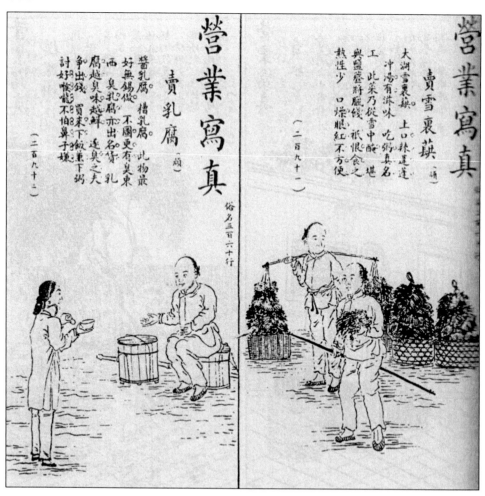

293. 郵政局信夫

大清郵政局，送信真飛速。若逢快信火車來，信夫隨送不停足。

信夫不但善奔波，問信尋人本領多。任住何方尋得著，張三李四不差論。

294. 碼頭挑夫

樹扁擔，竹槓棒，吃力多在肩胛上。管他肩胛吃力但願肚不饑，每日挑挑打打把命養。

君不見，槓棒頭，穿的是綢吃的油。上海灘上發財易，只要會做生意不要愁。

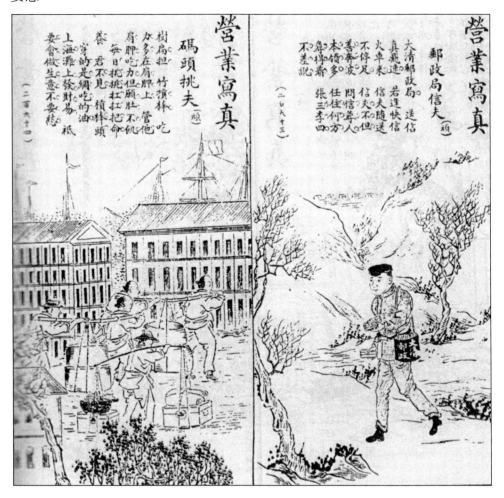

295. 獵戶

肩捐鳥槍做獵戶,專獵獐麂與鹿兔。深山穿谷顯神通,一天可獵無其數。
忽看草際野雞飛,擎起槍來打野雞。山中不比胡家宅,一見雞多發鬼迷。

296. 漁戶

撒網捕魚九網空,垂竿釣魚魚無蹤。漁翁別有得魚法,何如舟中養群摸
魚公。
河心欸乃將舟刺,笑放摸魚公下水。吃得魚多嘔得多,可憐摸魚公仍饑欲
死。嗚呼,圖吞被嘔之人類如此。

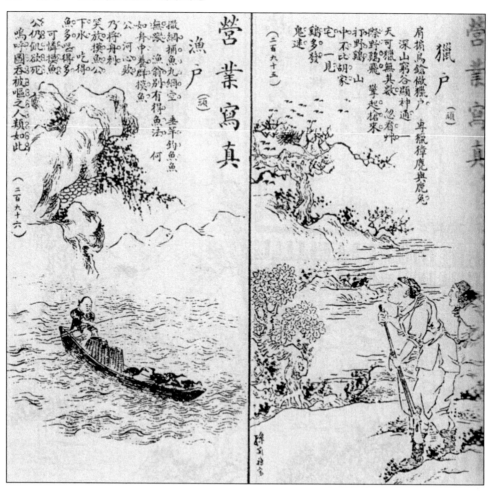

297. 做風箱

　　風箱作裏做風箱，杉板四塊將笋鑲。中間雞毛漆一籃，機關扇動風內藏。
　　自古風來須空穴，箱口故將小洞缺。莫怪讒言比做扇風箱，空穴來風冷
瑟瑟。

298. 做竹箱

　　劈竹試把竹箱做，竹簟一張中間裏。江干黃竹女兒箱，此箱做法算來古。
　　鐵箱保險皮箱牢，板箱四方式樣高。竹箱卻喜價錢賤，做成好向鄉莊銷。

299. 電車司機人

電車做個司機人，營業之中最算新。腳踏鈴聲當當響，雙手掌住快慢輪。
鈴聲響處電車過，車輛行人齊讓路。轉彎角上要留心，莫開快車闖窮禍。

300. 馬車夫

馬夫近來生意忙，不但單做馬車行。中西官場一概用得著，還有富紳與鉅商。
簇新號衣穿一領，披肩一個披端正。莫教錯認新秀才，只有藍衫無雀頂。

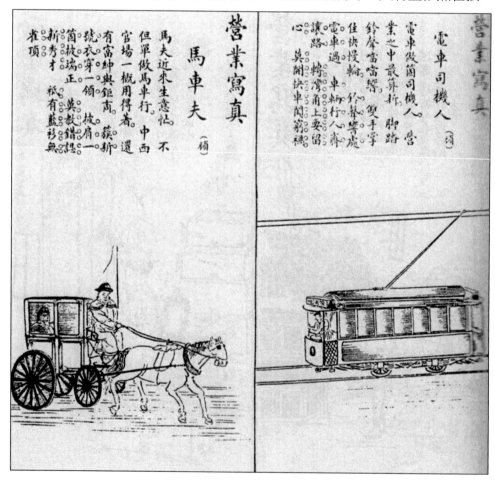

301. 打印子錢

印子錢，重利息，刻剝貧民民暗泣，每日每錢收利三分三，還說疊當博粒屑。

業此大半山西幫，狠心不怕天理傷。我聞西幫有最多匯票號，何不改惡從善去做匯票莊。

302. 念三官經

念經算行業，勿是修行是作孽。念經要銅錢，冠冕討飯真可憐。

木魚敲得格格響，氣煞道士與和尚。不僧不道念啥瞎纏三官經，搶倪生意真混帳。

303. 畫地圖

畫地圖，須測算，測算不精界劃亂。釐毫不許有差減，畫成請向圖中看。

最怕畫著三岔田，七差八搭勿連牽。畫來畫去畫勿像，像煞幾化丫叉蘿蔔種在田面前。

304. 寫牆字

牆上寫字真登樣，任爾書家寫不像，不過間架結構尺寸呆，所以不稱名人稱字匠。

字匠學得一技專，東塗西抹易賺錢。不比書家反而無出息，硯田惡歲恨年年。

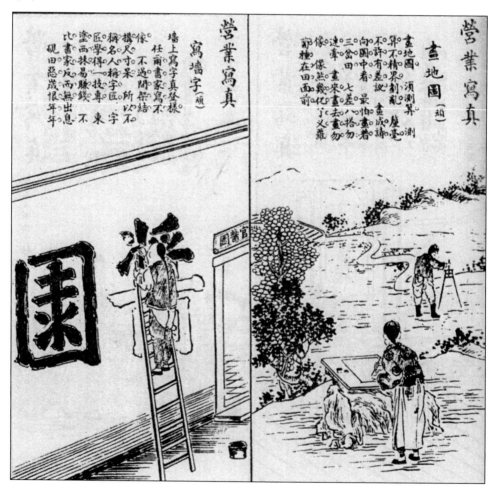

305. 賣考籃

昔日生童和舉貢，考時須把考籃用。如今不考何用場，尚賣此籃我不懂。
旁邊有客答哈哈，科舉雖停籃很佳，買來好把東西放，不必窮酸手內拿。

306. 做提籃

提籃一物用場廣，隨便東西多好放。做籃須要籃一個，不堅易破怪竹匠。
街上忽來密騙人，見籃不覺暗生嗔。只為籃子皆由籃片做，劈殘折斷好
傷神。

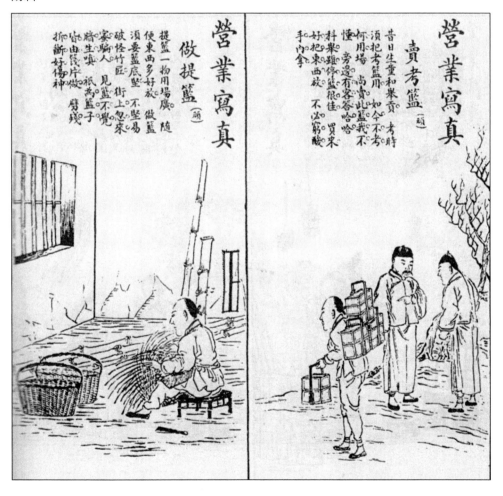

307. 做燭芯

蠟燭巷，燈草纏，越細澆成燭越堅。細芯堅燭人爭買，經點又無蠟淚旋。

燭芯最好是花燭，從頭至尾纏平復。包管雙雙點到完，蠟燭不瀉芯不禿。

308. 做燈籠

小本開爿燈籠店，糊成燈籠價錢賤。上海雖有自來火與電氣燈，無燈之處夜行便。

燈中點火燈外明，共說燈籠製法精。不過燈籠殼子空好看，內容無物惹批評。

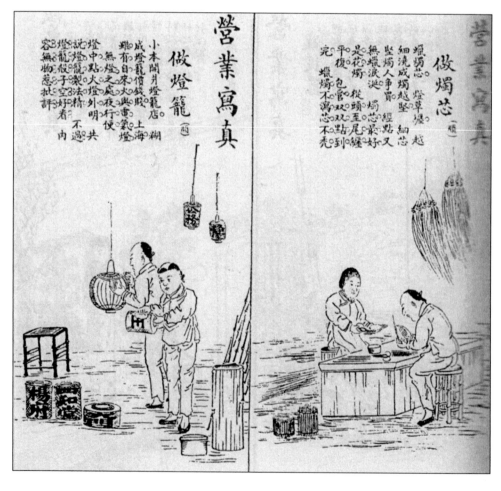

309. 賣波羅蜜

摩訶般若波羅蜜，梵語曾從佛經輯。波羅蜜果何處來，若說西方佛國尋無跡。

此果滋味甜津津，切成薄片始堪吞。莫似西遊記上人參果，八戒偷嘗竟刎圖。

310. 賣橄欖

檀香橄欖真正好，休要揀大須揀小。入口清香回味甘，綠的噴鬆黃的老。

橄欖橄欖兩頭尖，賣與鄉人反討厭。及至知它滋味好，可笑扒坍草屋說它甜。

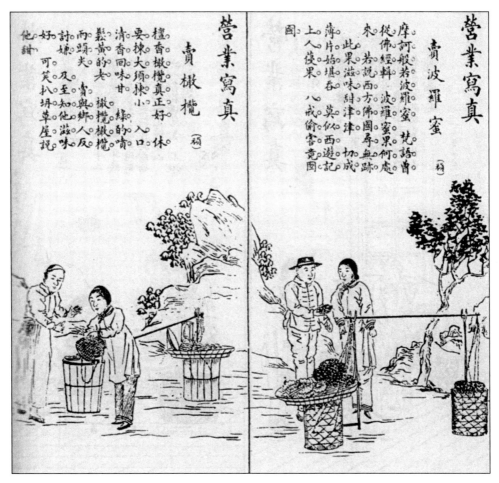

311. 賣茨菇

茨菇一月生一個，二個月共生十二數。年終掘出賣與人，油氽糟醉載食譜。

茨菇音與慈姑通，奈何世上阿婆兒。些物若教悍姑食，不知可要面皮紅。

312. 賣荸薺

銅箍荸薺上口好，鐵箍荸薺太覺老。荸薺能銷金與銅，食後可知性質燥。

扶牆摸壁小孩提，人見每呼小荸薺。想因發芽生根此物易，故而戲把美名題。

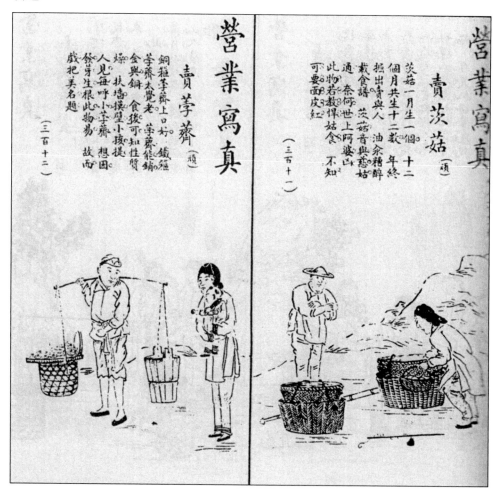

313. 梳頭傭

梳頭傭，手段工，替人梳頭真玲瓏。又光又快又時路，梳好西家又梳東。
中國婦女真懶惰，說起梳頭暗歎苦。自己有手不肯梳，情願出錢把人雇。

314. 做假頭髮團

做假髮團做法妙，活像真頭樣式好。從前最時戳勿塌，近日改做長三套。
假頭髮頭光悠悠，不須刨花水與好香油。滑頭麻子看見哈哈笑，不道世界
偏多女滑頭。

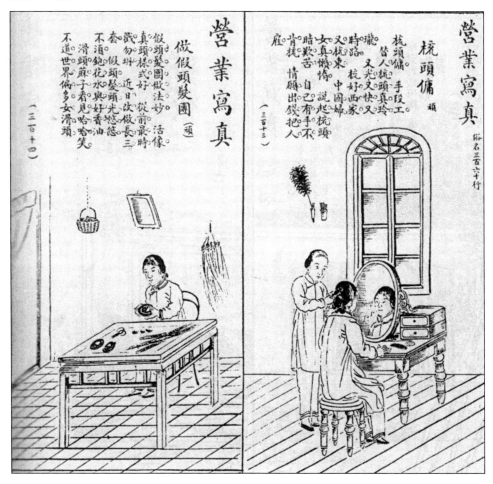

315. 織緞子

緞子純絲織，南京最出色。杭州花緞更著名，蘇州緞子價廉極。

織機司務最聰明，織出時花耀眼睛。卻怪衙門辦差貨，年年老樣不求精。

316. 織布

格格復格格，鄉女當機織。一匹布須多少工，欲賣可憐錢不值。

鄉女停機歎苦辛，老機難織布樣新。光陰空與梭同擲，織布年年不救貧。

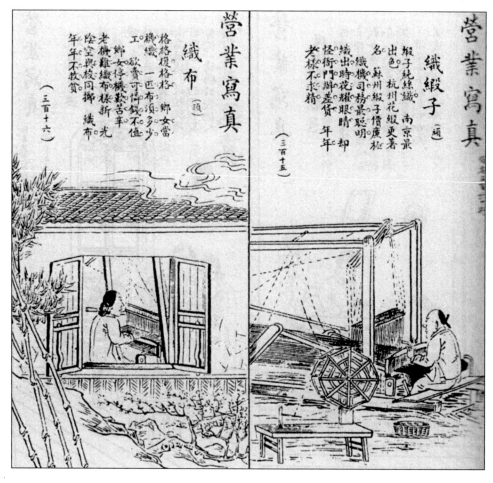

317. 漂布司

漂坊司務最清潔，專漂綢綾與布匹。任爾織時異樣污，一經漂淨白如雪。
滿地不怕水花濺，浣濯全任手法專。若使有人綿世業，可云清白出家傳。

318. 印花司

印花司務高手段，印出花來真好看。白地青花花最清，青地白花花不亂。
花花世界最宜花，爭道印花生意佳。不謂上海奢華愛綢緞，卻嫌花布不
奢華。

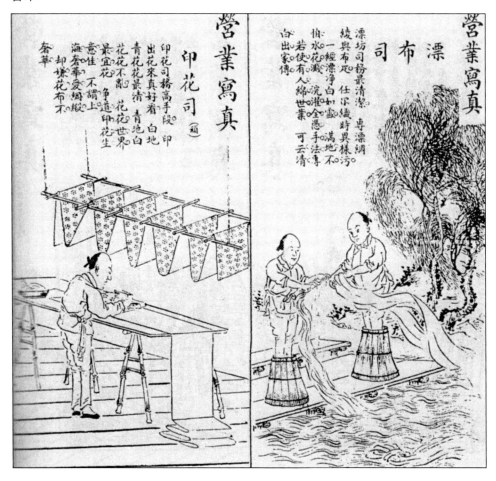

319. 做東洋車

東洋車，樣式好，元寶車高三彎小。近來最妙黃包車，任爾磕碰難得倒。
車輪一對要堅牢，中貫天心好鐵條。做副橡皮輪寫意，寂無聲息任飛跑。

320. 做江北車

江北車子獨輪盤，不會推者休想推。硬推必要跌撲塌，鯉魚翻身倒轉來。
造車之人亦吃力，硬樹劈開將筍接，造成羊角與牛頭（皆江北小車名）。
名字雖奇樣式劣。

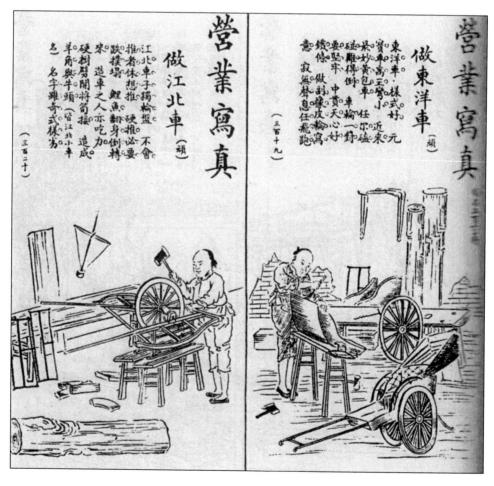

321. 做寧波年糕

寧波年糕白如雪，久浸不壞最堅潔。炒糕湯糕味各佳，吃在口中糯滴滴。

蘇州紅白製年糕，供桌高陳賀歲朝。不及寧波糕味爽，太甜太膩太烏糟。

322. 煎膏滋藥司

冬天吃料膏滋藥，壯壯身體補虛弱。樹皮草根多好煎，牛溲馬勃用得著。

銅鍋一隻像燒煙，煙鬼對之心流漣。鍋內因何煎苦水，不把萬壽公膏大土煎。

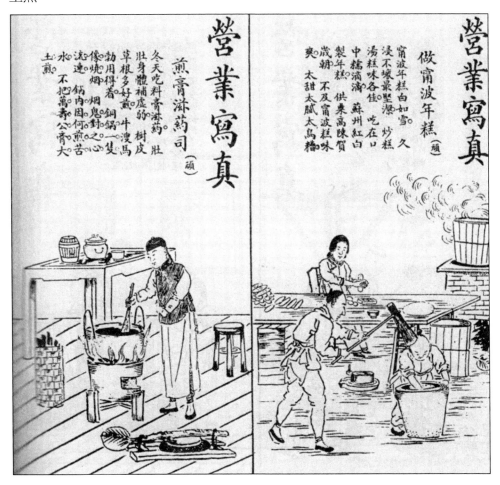

323. 缸甏擔

缸甏擔子街上過，操此業者無錫多。黃沙堅細油水好，包用並不撒爛屙。

當當連把缽頭叩，缽頭瓶甏樣樣有，卻莫攙掇老爺煨沙鍋，買隻沙鍋掰著走。

324. 磁器攤

磁器江西妙，銷場到處好。有店有擔更有攤，攤上生意也勿小。

五彩花瓶淡描碗，粗細多有真勿壞。忽然來個外國人，淡描火爐買勿對。

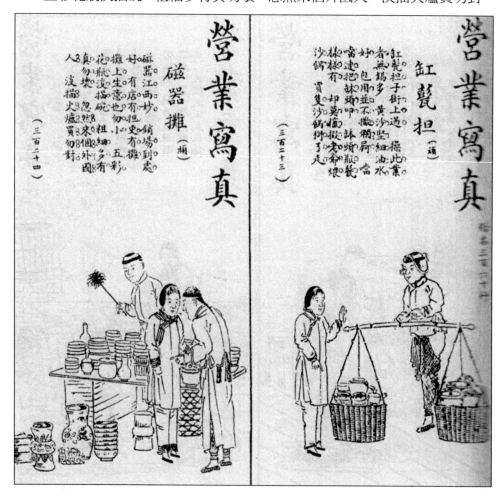

325. 做戲衣

行頭店裏做戲衣，五顏六色花樣奇。劈線要光金要亮，名角穿起方相宜。

生旦淨丑人人要，鉤心鬥角各賭巧。近來戲館正競爭，無怪戲衣生意好。

326. 打珠眼

打珠眼，行業嶄，此錢只合女工賺。大珠當用大鑽頭，小鑽須把小珠揀。

小珠大珠不相容，打得珠兒眼眼鬆。眼眼一鬆哪個喜，要它縮緊勿成功。

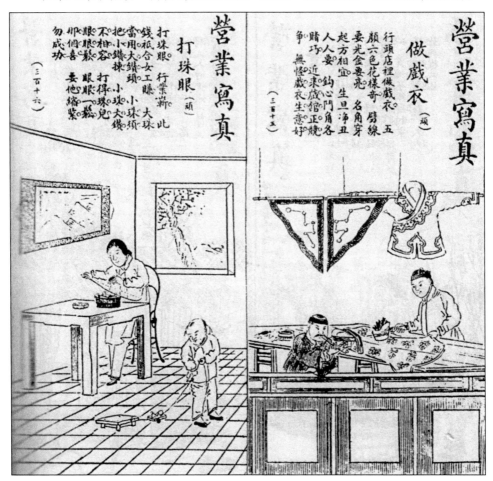

327. 豆芽作

豆芽菜，芽最鮮，菜形更如如意妍。別名故呼如意菜，吃碗如意菜兒好過如意年。

豆芽煮湯味更勝，素湯之中比竹筍。不過豆芽不可丈二長，惹得人人呼老嫩。（諺言「丈二長豆芽菜老嫩」，故云）。

328. 賣芋頭

老芋頭，燒勿酥，爆吃又恐皮焦枯。當年懶殘和尚偏喜此，煨芋佳話留僧徒。

芋頭二字餘頭似，買個芋頭齋利市。過年讖語取吉祥，大大餘頭從此始。

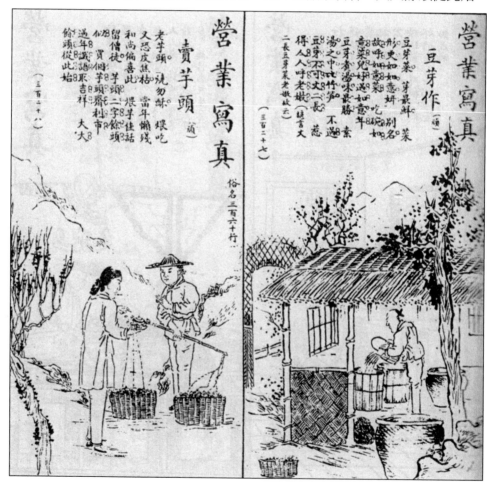

329. 賣魚

青魚銷場年夜多，擔盒送禮如穿梭。紅燒白醃俱好吃，斬碎更把魚圓磨。

況堪當作三牲用，謝年買來盤內供。有魚有餘口識佳，不避魚腥雙手捧。

330. 賣肉

一年四季賣豬肉，生意無如年夜足。大小人家要過年，買點肉來享口福。

肉莊價貴鄉豬廉，貪廉不把豬腥嫌。只恐買了老母豬肉不好吃，醃成臘肉
乱脫幾斤鹽。

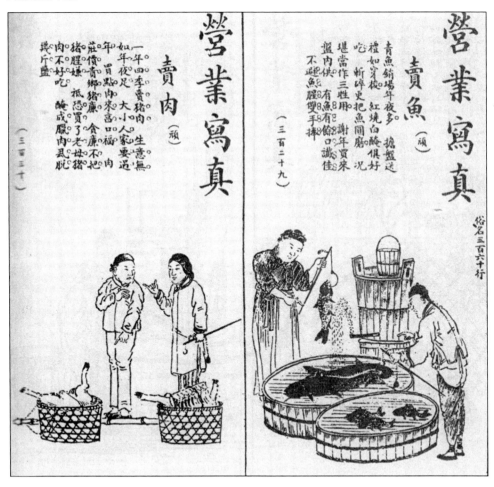

331. 蒸糕

磨粉蒸上過年糕，取個口讖年年高。今年蒸得要比舊年好，糕面不硬底不焦。

誰說蒸糕忌開口，說語多時糕難就。我想店鋪糕司因何不用啞巴兒，不會講話只動手。

332. 切水筍

切水筍，沿街問，肩背鋼刀與板凳。刀鋒切得細而齊，老極筍乾能變嫩。

切好筍乾待過年，筍乾和肉滋味鮮。最好切隻繡鞋底（筍乾名），想著鞋尖絕嫩口流涎。

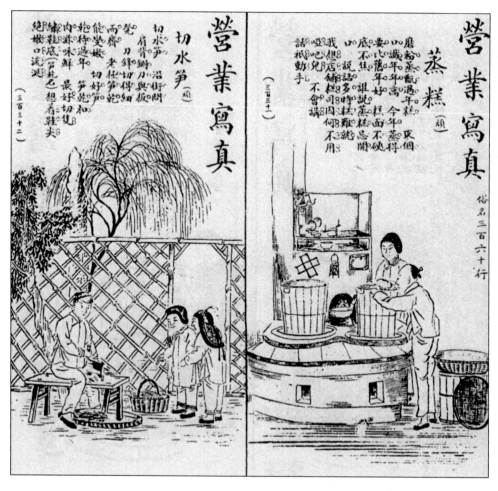

333. 賣梅椿

梅椿越老花越鮮，老梅好比老少年。紅梅嬌豔綠梅靜，詩人比之姑射仙。
移根試向瓦盆種，雪窗好作歲朝供。果然梅報早春來，隔歲先經春意動。

334. 賣水仙花

水仙花，花品好，金芳銀盤開得妙。雙臺單臺各鬥妍，葉少花多推蟹爪。
此花之來自福州，新年擺供最清幽。卻笑鄉人不識貨，呼作開花大蒜頭。

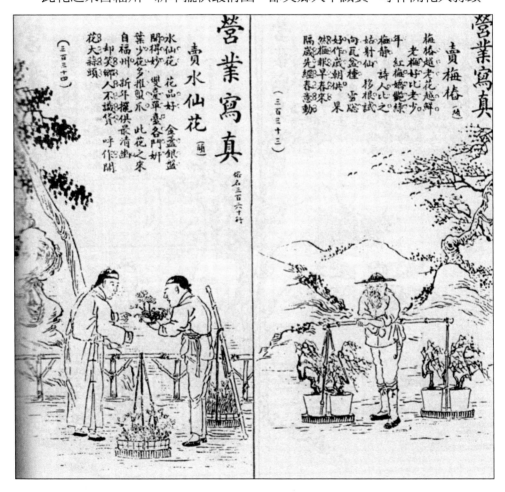

335. 賣雞

呱呱啼，大雄雞，過年俱要用著伊。家家人家買一隻，雞湯雞肉吃得笑迷迷。

雄雞不及肉雞好，雌雞肉嫩雄雞老。買隻肉雞擦把鹽，嘆嘆年酒醃雞妙。

336. 賣鴨

軋軋軋，老雄鴨，鴨尿臭來真邋遢。過年何必用著它，愛吃之人偏喜買來殺。

我聞鴨為道士名，過年吃鴨只恐道士驚。謝年應把救苦天尊念，但願買鴨之人買來盡放生。

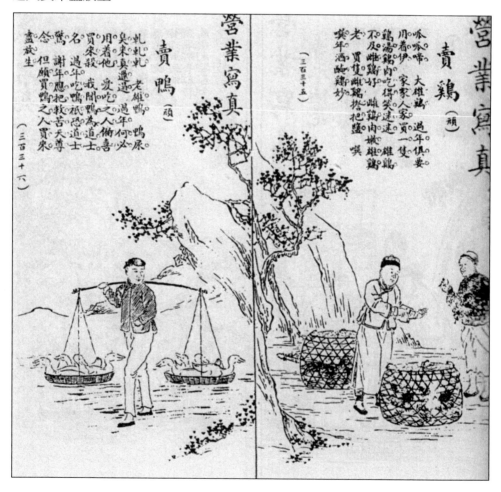

337. 賣灶元寶

灶元寶，啥格好，買來多向灶堂弔。灶君堂上當門簾，元寶原來灶君要。

灶君也喜誇有錢，累累元寶掛堂前。莫怪世人有錢放在面孔上，吹盡牛皮拉盡天。

338. 賣神膜

神膜生意真蹩蹑，一張爛紙薄梟梟。五顏六色搨幾搨，騙人算把神像描。

謝年各把神模供，磕頭求拜將他奉。卻怪送時一火忽燒光，難道燒死老爺不怕罪孽重。

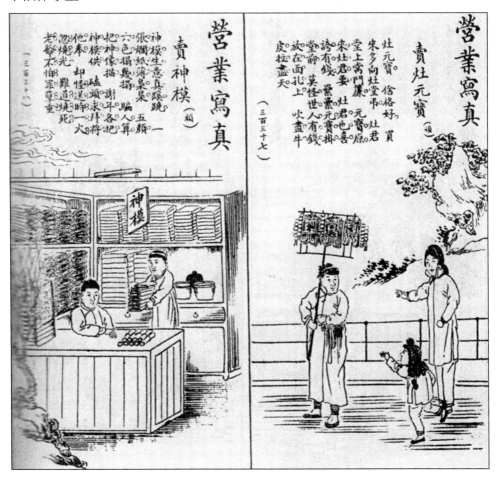

339. 賣冬青柏枝

冬青柏枝買幾紮,年米年糕碗內插。寫寫意意等過年,誰說過年活急煞。
冬青柏枝不值錢,買來掛在廊簷前。不比西人到年夜,生青碧綠紮門邊。

340. 賣天竹臘梅

天竹臘梅街上喊,大枝小枝隨意揀。過年插在膽瓶中,子紅葉綠花黃燦。
莫道年關價太昂,下爬一落幾毫洋。那曉望天討價無對證,著地還錢盡不妨。

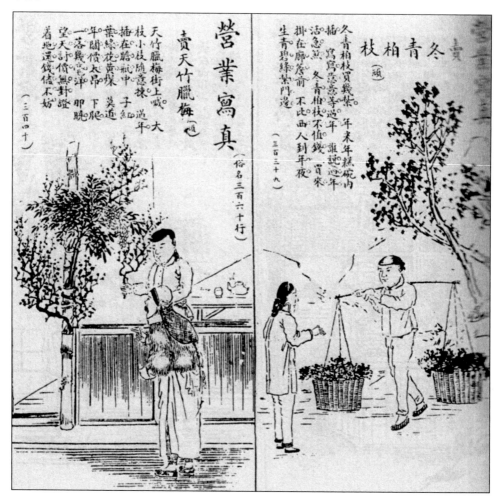

341. 賣元寶糖

元寶糖，餳糖做，十幾個錢買一副。裝人盆中供灶君，一年四季只一度。灶君看見笑了哈哈，元寶糖兒名很佳。可惜神明無賄賂，不同陰世各官衙。

342. 賣送灶轎子

送灶轎子紙糊貨，指頭一戳便要破。賣時格外要小心，一破灶君不可坐。

一家一個灶君神，須把轎兒一頂焚。千頂萬頂同時把天上，因何不聞天上轎子鬧紛紛。

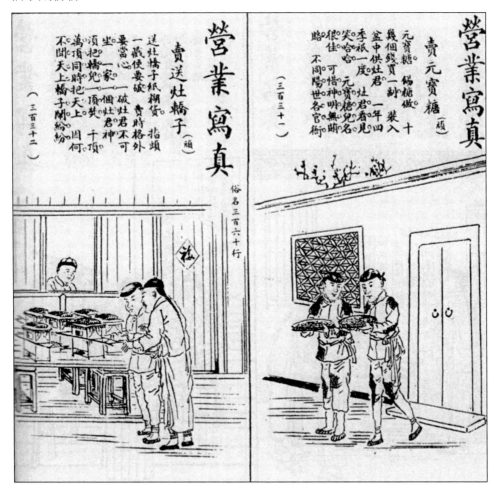

343. 做年元寶

年元寶，有大小，大大小小堆一套。堆盤元寶好過年，招財進寶口彩好。
恭喜諸君大發財，送將元寶進門來。歲朝泡點湯兒吃，元寶湯甜胃口開。

344. 寫春聯

寫春聯，趕年節，字跡有好亦有劣。一聯賣得幾文錢，窮儒度歲真吃力。
烏盆底內墨磨濃，裁幅朱砂箋紙紅。只要屬詞多吉利，不諧平仄不求通。

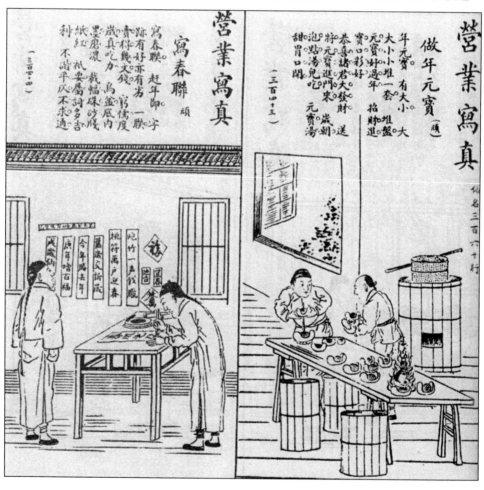

345. 賣元寶魚

元寶魚，金鱗好，一跳好像元寶翹。買來今夜接財神，財神看見哈哈笑。鯉魚昔日跳龍門，吉語恭維新貴人。不道近來科舉廢，只堪盆內獻財神。

346. 賣財神元寶

司神元寶紙頭糊，錫銷一層漿面塗。有金有銀真好看，買來一炬焚天爐。財神掌管財源短，應有金銀元寶庫。紙糊元寶何用場，翻笑下界人民來戲我。

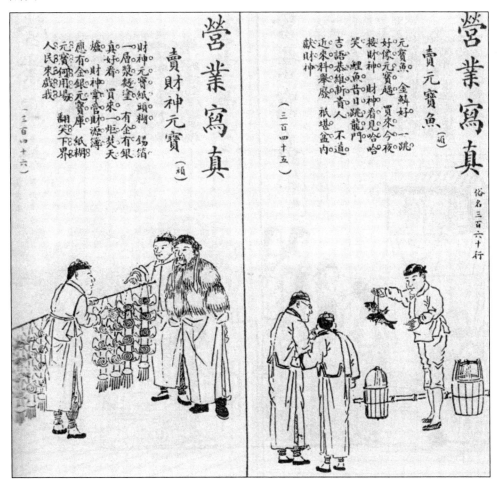

347. 調獅子

調獅子，有意思，張爪張牙顯威勢。中國人稱是睡獅，睡獅忽醒大奇事。
不願獅睡但願醒，敲得手中鑼不停。獅子怒把繡球搶，腳踏全球猛現形。

348. 木人戲

木人頭戲做一齣，線索牽來真靈活。手中更把鑼鼓敲，口內還將曲唱出。
此戲莫言不足觀，登場傀儡枉衣冠。卻笑衣冠傀儡人間有，活劇連臺演不
完。

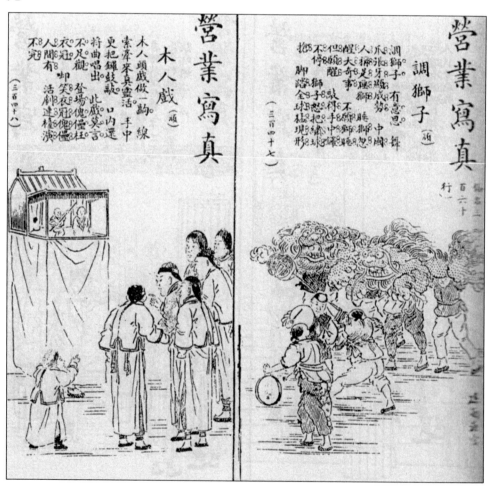

349. 做影戲

借間房子做影戲，戲價便宜真無比。二十文錢便得觀，越看越是稱奇異。

人物山川景致新，田盧城郭似身親。一般更足誇奇妙，水火無情亦像真。

350. 賣野人頭

野人頭，沒來由，藥水玻璃四面兜。只見人頭不見人身體，野人開口聲啾啾。

近來此術已識破，賣野人頭無主顧。哪知世間別有野人頭，騙人賣脫無其數。

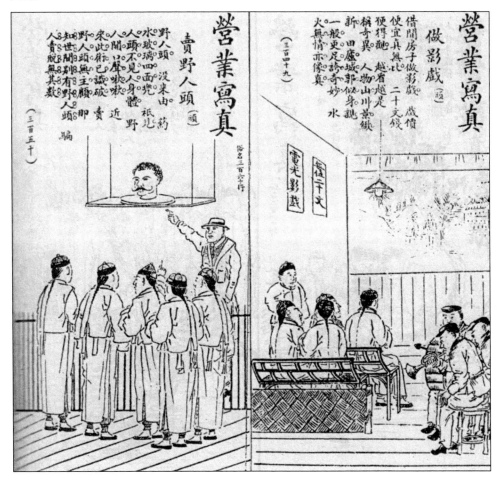

351. 賣拳

江湖拳頭賣一套，人人都攀工夫到。慣家看見笑哈哈，記記欺人哪算好。
拳法當年出少林，內堂外堂工最深。而今久已真傳少，怎向江湖賣技尋。

352. 變戲法

戲法人人都會變，巧妙不同工拙見。吞刀吐彈不算奇，水火無情本領顯。
要學戲法須出洋，出神入化手段強。頑意尚然外國好，可知中國般般須改良。

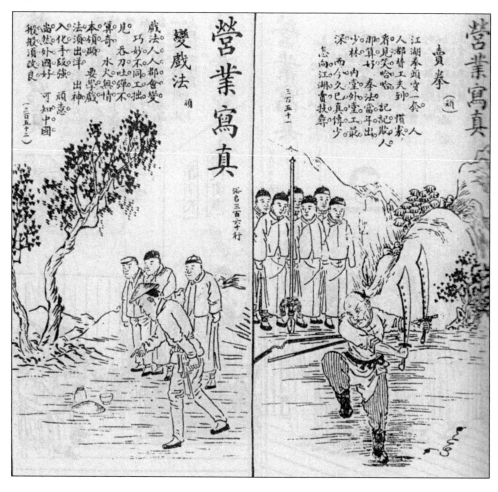

353. 骰子攤

新年三日賭不禁，賭棍賭攤擺端整。街頭過客來賭錢。十個九輸拿得穩。

賭棍擺攤想發財，本來與財不應該。看他骰子蹊蹺甚，尅色點兒常擲來。

354. 套扦子

三根扦子手法妙，隨便一根任人套。套牢線腳贏銅錢，哪曉偏偏套不到。

不是人人眼力低，只因線索暗中移。不教識破機關巧，騙煞旁人共說奇。

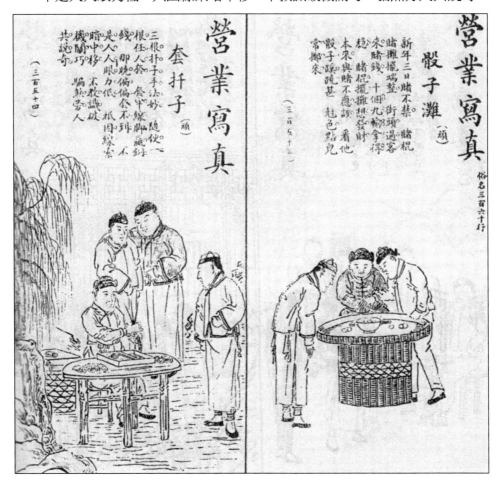

355. 做隔壁戲

隔壁戲，好口技，吱嘩百叫真詫異。忽而男子忽女人，還要學學雞鳴兼犬吠。

隔壁戲，隔壁聽，不是隔壁偏不靈。寄語世人作事莫作隔壁戲，須防戳穿壁腳難為情。

356. 唱小曲

唱小曲，句調熟，六五更與十八摸。一隻胡琴咿咿啞，一遍聽過無還覆。

小曲從來最導淫，傷風敗俗害人心。長官何不嚴申禁，滅盡街頭鄭衛音。

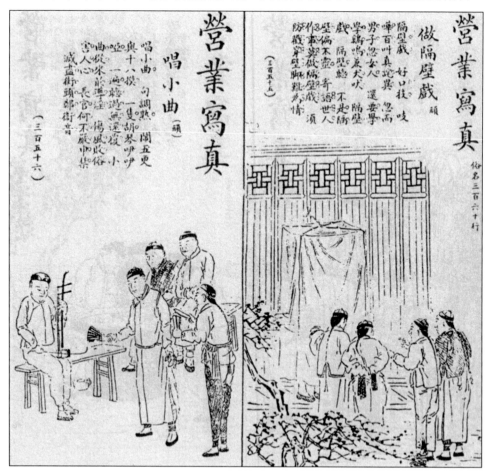

357. 賣笛

斑竹笛，韻清絕，樂器之中品高潔。有人良夜倚樓吹，吹得雲穿石欲裂。
誰將蚓笛比悠揚，曲蟮山歌不合腔。還是風篁差想像，飛來天籟葉宮商。

358. 賣和琴

和琴本是西番樂，靡靡之音蕩人魄。所以不登大雅堂，正樂之中用不著。
叫化胡琴一黃昏（俗語），一學便會易入門。不過背心上撥挨勿著（吳詳
有「背心挨胡琴挨捺不著」之說），空勞翻手暗捫捼。

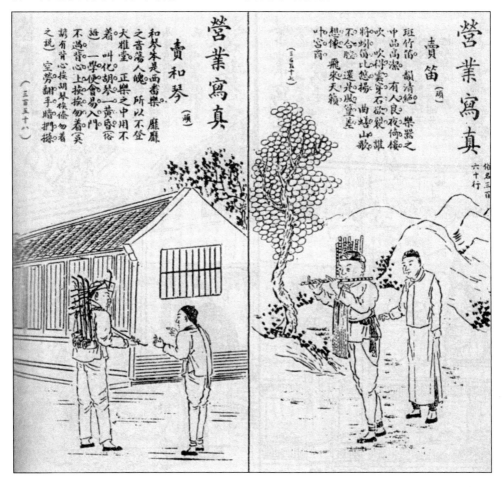

359. 賣扯鈴

莫說扯鈴小頑意，偏會欺人真嘔氣。扯慣主人響不停，不會扯者常跌地。

此鈴之製自天津，截竹為筒四面開風門。憑君掩耳難偷盜，四面風聲緊煞人。

360. 賣鷂子

鷂子放得高，沉在河中一乩糟。鷂子放得低，落在田裏一爿泥。

買隻鷂子怎樣放，不高不低最穩當。還防鷂子要翻身，一個翻身把天上。

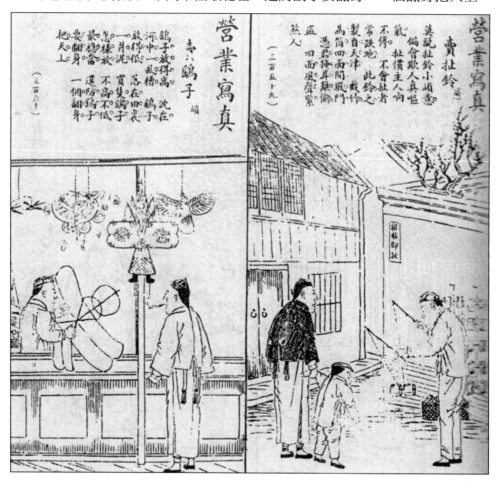

361. 走繩索

小腳伶仃走繩索，不教走得弓鞋落。看上仙人擔子挑，故扭纖腰工做作。

一陣鑼聲催快跑，婷婷嫋嫋到神梢。步虛仙子應相妒，妒爾身輕立得牢。

362. 穿扶梯

小蓴薺，穿扶梯，梯中翻身筋斗齊。愈翻愈上梯不墜，搖搖競把梯頂躋。

梯下有人纖足挺，繡鞋窄窄將梯頂，果然女子腳力非等閒，莫怪裙帶得官可以躋極品。

363. 猴兒戲

猴兒也會頑把戲，獸類之中算靈異。亂翻筋斗弄刀槍，身軀嬌捷真無比。
跟斗刀槍技演完，身騎狗背忽衣冠。世間不少騎馬坐轎衣冠獸，我謂可與
猴兒一例觀。

364. 賣西洋鏡

西洋鏡致嘸啥好，此等畫工最粗糙。為有顯微鏡發光，鄉人一見稱奇妙。
看了一張又一張，圖窮忽見大體雙。傷風敗俗應該禁，況有揚州女混堂。

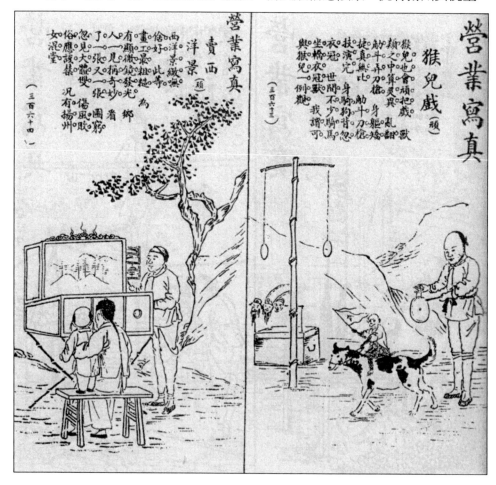

365. **說露天書**

露天書，露天說，露天生意也有捏門訣。書中賣得關子多，一回只有一短橛。

三國志，封神榜，隋唐反唐楊家將。任爾書中腳色多，手面聲音俱一樣。

366. **耍貨攤**

新年擺個耍貨攤，哄動小孩攤上看。關刀月斧多愛買，喇叭小鼓更喜歡。

一孩要買虎臉子，我謂此孩有意思。近來世人往往無面見江東，大可遮羞養臉恥。

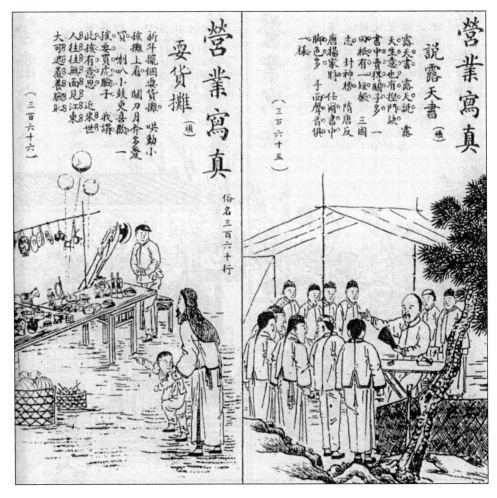

367. 賣燈

紮得紙燈趕燈節，一年只在元宵夕。五顏六色真好看，千奇百怪誇精絕。

好笑無如蚌殼燈，妖精燈內顯原形。千年老蚌光明放，燭焰高如慾火騰。

368. 賣炮焯

百子炮響月炮亮，多是徽州好炮焯。金盆撈月飛上天，九龍恍似神龍降。

有人買個大花筒，放出銀花火樹紅。炙手正驚花富貴，奈何轉眼一場空。

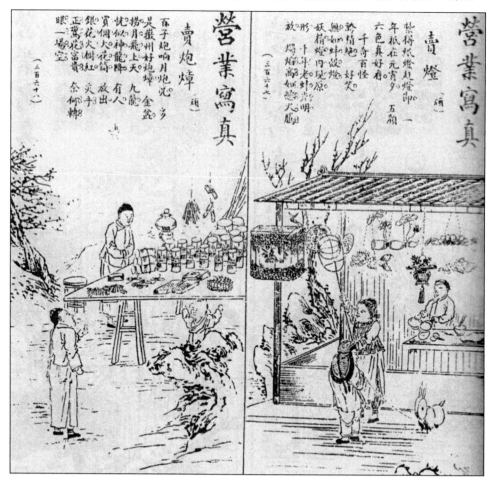

369. 抽酒釀

常州酒釀真會做，桂花白糖好原露。入口清甜並帶香，更兼米粒光而糯。

誰把牙牌制賭籌，欲贏酒釀把籌抽。一牢二兩休貪吃，要吃六牢一缽頭。

370. 搖碗

骰子丁丁雙手搖，開盆一笑將點瞧。並非搖會卻搖碗，搖著之人開心苗。

只恨碗攤哪有碗盞，贏得況且不許揀。倘然輸了白花錢，碎碗不曾拿一瓣。

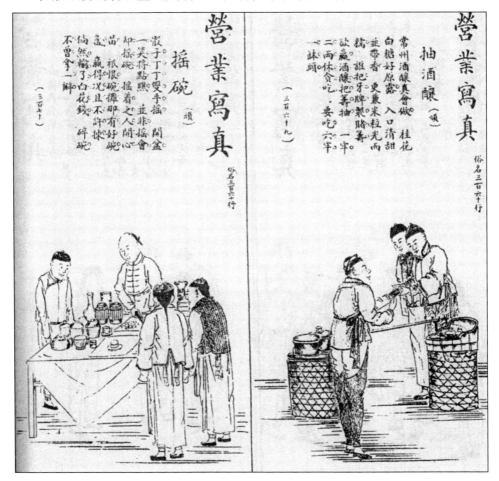

371. 賣哈哈笑

哈哈笑，根根翹，豬鬃製成真絕倒。孩童買得掛唇邊，搖搖擺擺裝年老。

旁觀一見笑哈哈，此物銷場一定佳。大堪賣與年少官場用，八字分披做老爺。

372. 賣花紙

賣花紙，騙孩子，此業幫是畫匠始。兒童一見心喜歡，五顏六色詫別致。

天津花紙最有名，京班大戲畫來精。買回莫向床頭貼，武戲連臺做不清。

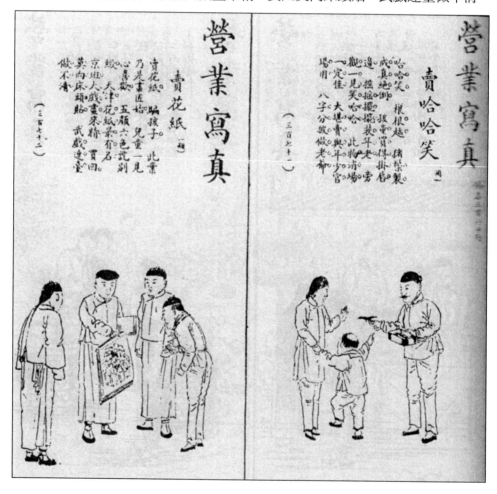

373. 說因果

手敲小鈸說因果，口唱還將手勢做。鄉人環聽笑迷迷，只為鄉音說得真清楚。

因果字音通淫歌，滿口說來淫歌多。淫歌哪得稱因果，嚼舌噴蛆說什麼。

374. 賣膏藥

打拳賣膏藥，練就好手腳。奉送醫傷不要錢，不過買我膏藥卻要錢幾百。

不買膏藥傷難醫，手摩傷處將人欺。口口聲聲休錯過，勸爾將錢摸出莫遲疑。

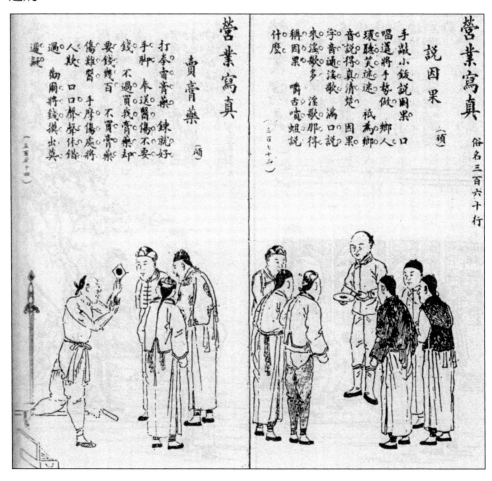

375. 賣曆本

阿要買曆本，沿街向人問。揀揀好日看看喜神方，一年四季保平穩。

官曆近來不合宜，只為官商快覽年年花樣奇。曆本也須改花樣，無怪萬事侈談新法將人欺。

376. 賣月份牌

五彩月份牌，畫得實在佳。角把洋錢價不貴，請君買張帶回家。

回家掛在房間裏，每月好將禮拜記。禮拜休息可以不出門，家內夫人必歡喜。

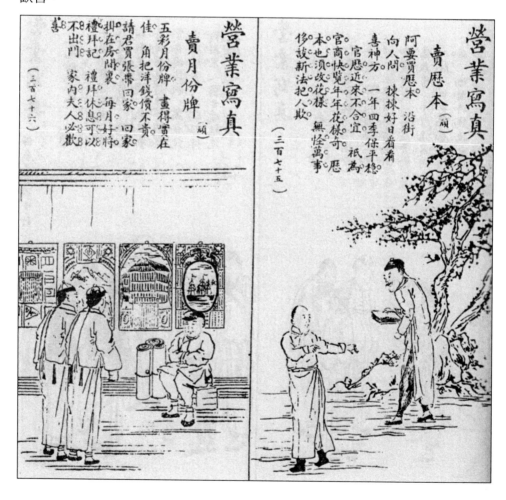

377. 賣金鯽魚

金魚能養目，玩品殊不俗。裝入玻璃瓶，魚紅水草綠。

忽來鄉老笑呵呵，此種魚兒養什麼。中看原來不中吃，買它不信值錢多。

378. 轉糖人擔

挑副轉糖擔，吃碗甜迷飯。十轉倒有九轉空，不快便太慢。

擔上一座糖寶塔，白糖吹得黑塌塌。分明揀剩賣勿完，不道小孩看見眼饞煞。

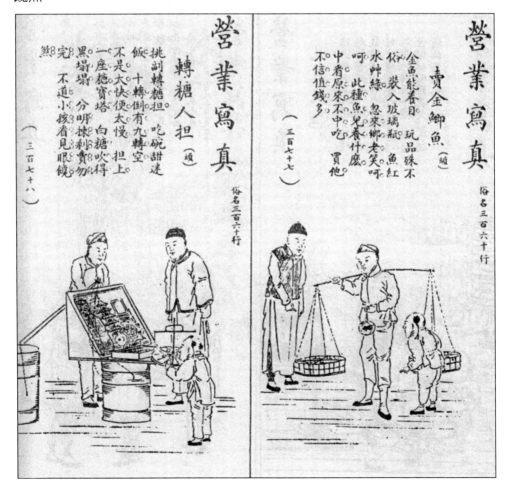

379. 賣氣球

小氣球，圓兜兜，放入空中光悠悠。兒童買來作玩具，只惜一放難再收。

氣球大者本為偵敵製，爭說西人精格致。空裏今看小氣球，也有些些氣學新法子。

380. 做班鼓

班鼓聲音尖而俏，班得越緊音越妙。鑼鼓之中鼓領頭，銷場無怪非凡好。

清聲金石自天然，入耳恍從空谷傳。只恐世間好物難長久，牛皮漫鼓後來穿。

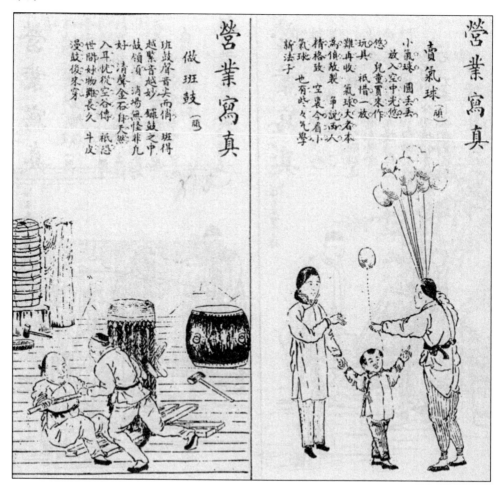

381. 做瓦筒

瓦筒陰溝最時式，鋪在地中出出色。不比磚溝築不堅，不時要修又要塞。

水門汀泥做瓦筒，隨做隨將冷水沖。方知製得堅牢物，只為能將水乳融。

382. 製油灰

油灰石灰做，顏色渾如土。萬搗更千錘，使與桐油互。

油灰太嫩用不來，油灰太硬揭不開。並且油灰更忌老，被人呼做老油灰。

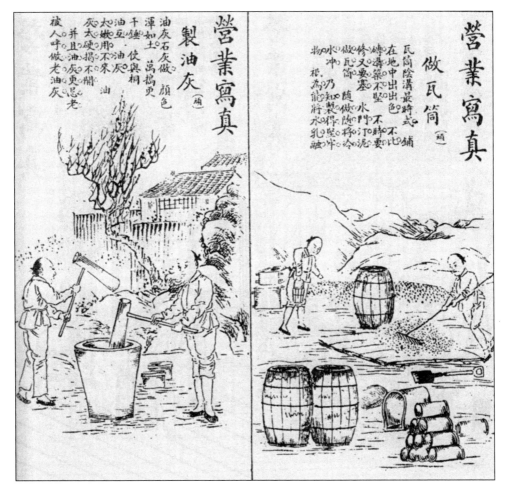

383. 剃面婦

喜嬪帶剃面，第一嘴靈便。看見老爺太太笑迷迷，請安恭喜將錢騙。

有時剃面不操刀，只將布線拔毫毛。手輕贏得閨人喜，毛面開光白更嬌。

384. 洗衣婦

每日替人洗衣褲，得錢好把飢寒度。又須擔水又提漿，貧婦自嗟苦難訴。

冬天洗衣手欲僵，夏天洗衣汗如漿。羨煞鄰家有錢女，四時新制好衣裳。

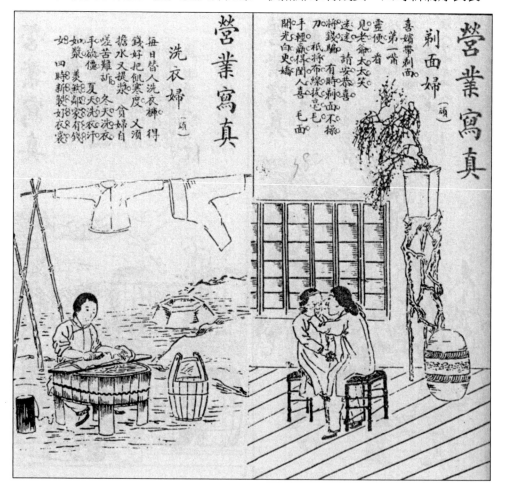

385. 滾鞋口

女工滾鞋口，忙煞纖纖手。線腳要齊又要勻，滾處忌毛更忌縐。

鞋字之音通乎諧，鞋者諧也取義佳。但願貧賤夫妻得享和諧樂，每日操針不惱懷。

386. 滾氈帽

山東好氈帽，一滾愈加好。熨得緞條平，莫教線腳掉。

頻頻刺動氈帽針，綠窗貧婦暗沉吟。他人氈帽儂來滾，自己科頭冷不禁。

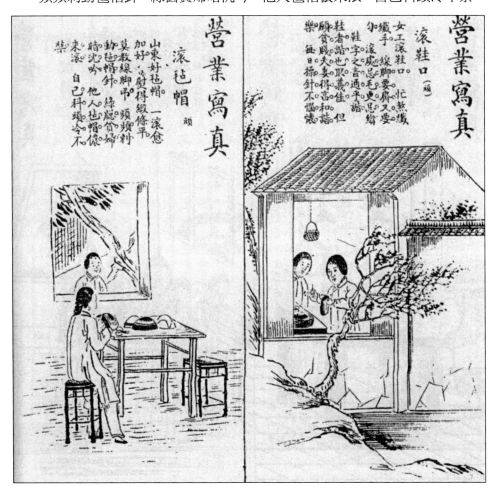

387. 劃玻璃

劃玻璃，真稀奇，方圓三角多相宜。洋貨店宜顯本事，一劃一塊一線齊。

小小一支金剛鑽，鋒芒無比真尖銳。大堪移贈鑽營家，挾此鑽謀無不遂。

388. 刻磁

磁器光而滑，要刻打滑達。佩服揚州人，奏刀有新法。

新法居然勝白描，刻來工筆細於毫。奇觀三絕詩書畫，恰比窯中花樣高。

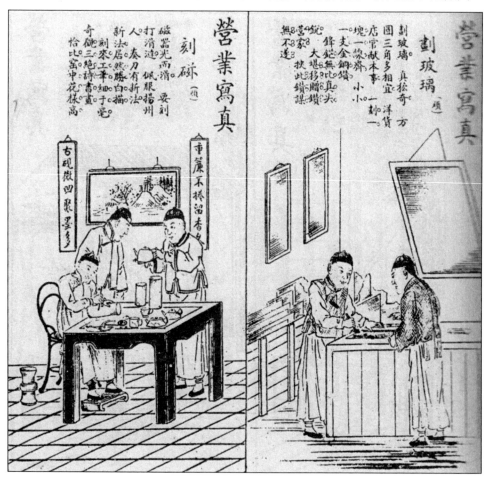

389. 裝自來水管

　　自來水管沿街設，支管水從總管出。裝成管內水長流，不應泥沙來塞沒。

　　難裝最是小龍頭，門底庭心曲折兜。鑿個洞兒來接管，莫貽漏洞要人修。

390. 裝火柴匣女工

　　火柴匣子紙糊貨，只要玲瓏不必求堅固。匣中滿把火柴裝，各廠俱將女工雇。

　　女工作事最聰明，裝得火柴一截平。不少不多剛正好，宛如手內有天秤。

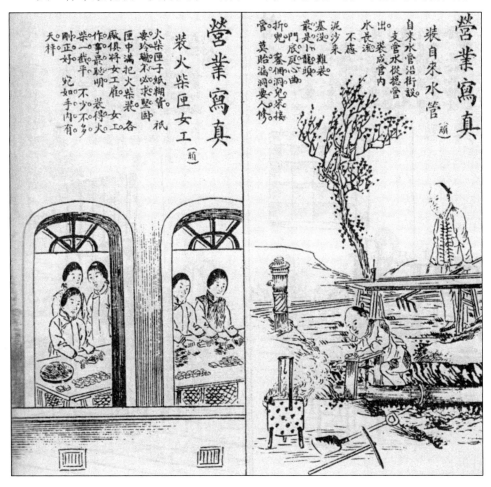

391. 車大理石

雲南大理石，石紋分黑白。有山有水有森林，更有樓臺藏隱約。

石片須由車床開，方有花紋現出來，乃知不琢難成器，石猶如此況人材。

392. 打洋皮金

洋皮金，有青赤，燦爛金光好顏色。女工生活用場多，繡串貼花少不得。

低頭莫道薄稀梟，打做金皮價便高。因慨世人眼底黃金貴，不但區區金紙條。

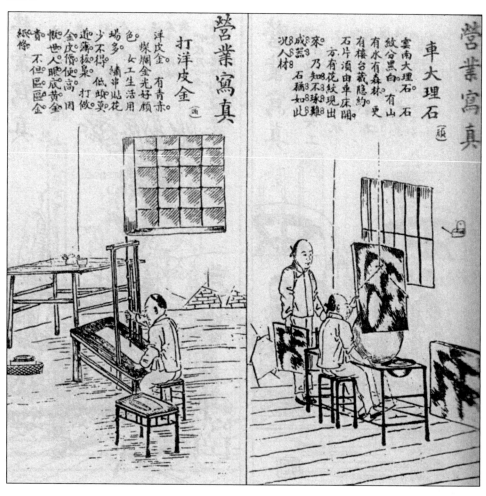

393. 做繃篩

　　提盤店裏做繃篩，千繃萬湊工夫遲。大圈小圈好吃力，才把薄紗一層繃上亮如絲。

　　繃篩篩粉亦篩物，多篩只恐紗眼沒。要他紗眼不模糊，拍拍弄弄全靠兩手活。

394. 賣蒸籠

　　蒸籠疊得寶塔高，疊成一擔肩上挑。大聲喊賣把街上，薑買拆買笑將主顧招。

　　蒸籠第一莫走氣，蒸出小菜沸燙有滋味。嚇得貪嘴丫頭難將熱菜偷，眼望蒸籠饞唾塌塌啼。

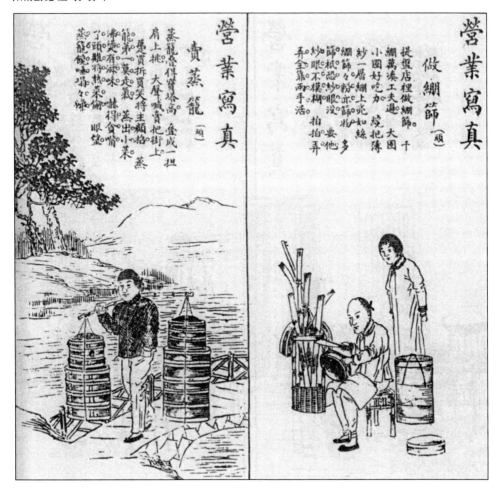

395. 賣小甎糕

玫瑰夾沙小甎糕，雪白粉嫩滋味高。狀如定勝兩頭闊，中間擠出餡一包。

定勝二字名目好，昔人做成糕甎巧。兒童卻將線板呼，買得糕來要將布線繞。

396. 賣春卷

春捲油中氽，百燙更沸滾。蝦仁雞絲餡最佳，韭菜肉絲臭而韌。

春捲煎得黃瓢瓢，贏得妓院呼金條。自家不把金條吃，反敬客人真蹊蹺。

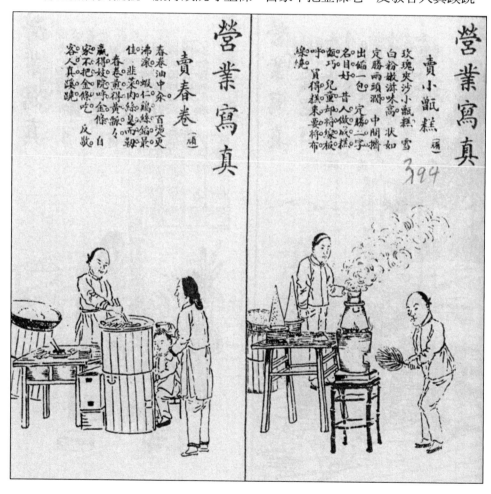

397. 收有字紙

善舉廣收有字紙，據云惜字能識字。惜字果能識字多，來世堂夫定佳士。

諺言一字值千金，擔內字多金滿籮。卻怪堂夫挑得起，壓來肩上不知沉。

398. 拾荒

拾荒哪得算行業，卻能救得窮民急。畚箕一隻鉗一枚，沿街拾取布粒屑。

拉圾堆中仔細尋，可能交運拾遺金。不過橫財難把窮人富，只恐拾著黃金
禍便臨。

399. 收生婆

積祖收生好手段，難產能將產母保。半夜三更喊出門，風雨雪落也要到。
最好生意養私孩，並營婦女硬打胎。傷天害理都不怕，一心只要洋錢來。

400. 土作

從小拜師學土作，死人生活最醃齪。浸胖浮屍動手難，一見搖頭亂打惡。
誰將土作定名聲，入土為安用意深。人到百年須入土，必當土作手中經。

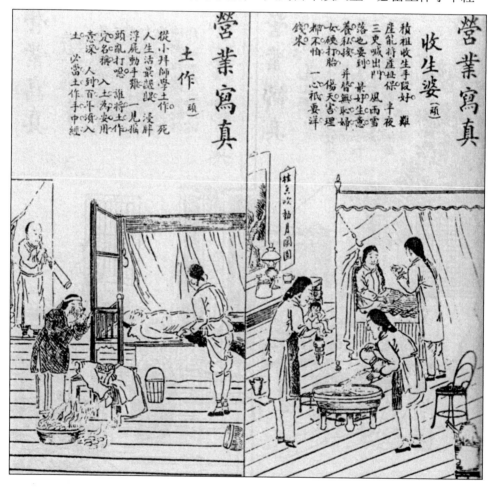

401. 走陰差

瞎三話四走陰差，看見閻王叫老爺。夜叉小鬼稱兄弟，地方老鬼呼阿爹。

虧他厚皮說得出，鬼話連篇會饒舌。卻怪愚夫愚婦信者多，被爾騙錢養得家人活。

402. 宣卷

非僧非道亦非尼，宣卷先生老面皮。經卷高宣法器響，當當齊當齊當齊。

宣卷宣到結緣好，婦女同聲齊喊妙。卷中夾雜唱灘簧，其名叫啥大四套。

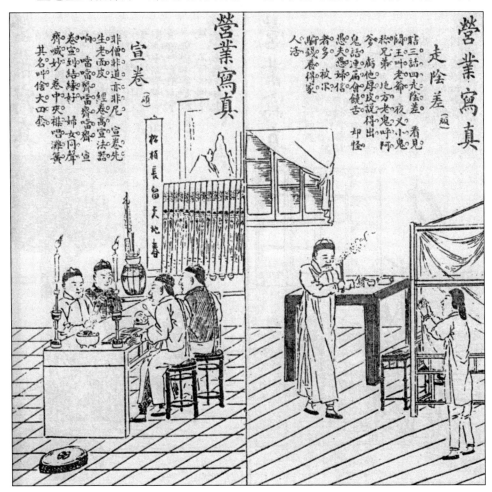

403. 紮草甏

松江草甏滴溜圓，紮成多少稻柴圈。束中冥錠用火化，據云陰司可以變銀元。

二月開場三月止，清明草甏剛上市。家家掃墓買來燒，不信燒個草甏便算順孫與孝孫。

404. 鑿紙錢

紙錢亦名長樂錢，一個一個紙上連。落地無聲不可用，經火一化飛上天。

陽世近遭銅元害，不知陰間紙錢可受累。若是陰陽一例同，只恐也要將錢法改。

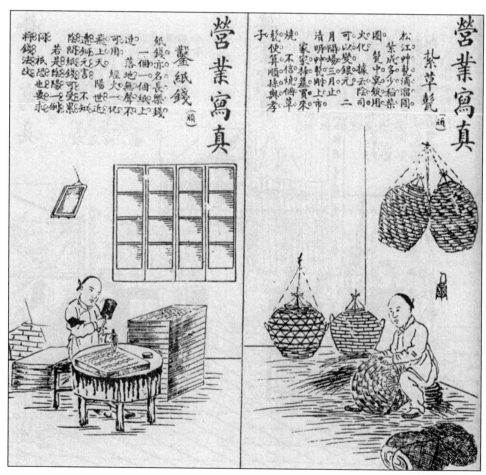

405. 切白紙

白紙切來啥用場，清明上墳燒冢勞。不信陰曹可做金葉子，黃金葉子竟是白紙張。

此物向來論擔數，燒下陰司應該金滿庫。奈何尚是窮鬼多，要經要懺等超度。

406. 矸錫箔

杭州錫箔最出名，張張雪白研得精。摺成銀錠化墳上，銷場最好因清明。

陽世年來錫價漲，只因製器製物用場廣。奈何打箔製燒坯，錫如能言定當喊冤枉。

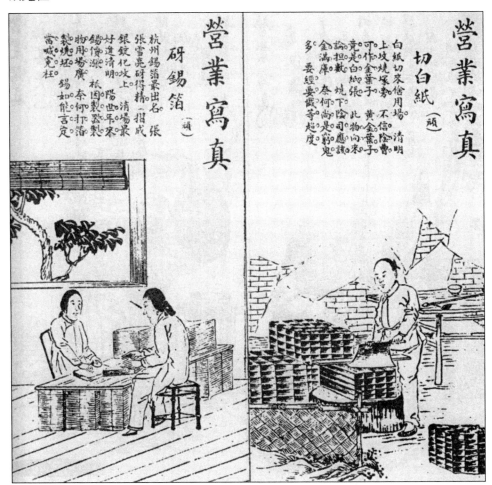

407. 牽薑黃

薑黃瞎子牽，瞎跌瞎統尋點瞎銅錢。一日到夜跑瞎路，真是瞎子瞎連牽。
牽薑黃要退身走，一步一退雙足扭。笑語世間萬事退步人，試看此圖狀
可醜。

408. 磨豆腐

半夜三更磨豆腐，豆腐司務歎勞苦。開店娘娘來幫忙，磨漿磨出無其數。
腐漿滴滴淋磨床，腐潔累累堆磨床。開店娘娘磨得氣力乏，阿要沸燙吃碗
豆漿。

409. 樵夫

腰插樵斧砍樵去，行入山深不知處。芒鞋踏破嶺頭雲，樹葉斫翻溪畔雨。
砍成幾束擔頭挑，覓路歸家過野橋。記取橋邊黃葉好，再來樵採待明朝。

410. 漁翁

持竿江上作漁翁，受盡江邊雪與風。莫道遊魚容易釣，十竿卻有九竿空。
漁翁拍手哈哈笑，釣魚不如網魚巧。明日溪頭把網張，何須獨作寒江釣。

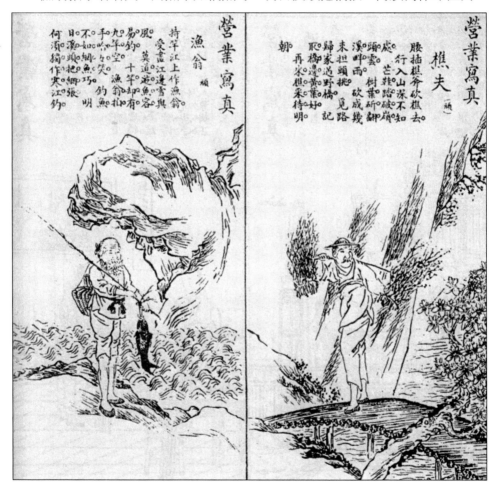

411. 茶博士

茶館做個茶博士，一天到夜衝開水。銅壺一把手不離，還要掃地揩臺端凳子。

茶館時有官場來，聞呼博士驚欲呆。何況茶堂分正副，有人兼掛正堂銜。

412. 酒堂倌

酒店堂倌最難做，應酬醉漢真受苦。碰碰就要撒酒瘋，拍凳毆臺鬧窮神。

燉得酒熱醉漢噴，燉得酒冷又說激嘴唇。必須不冷與不熱，還疏酒壺癵乱瞎罵人。

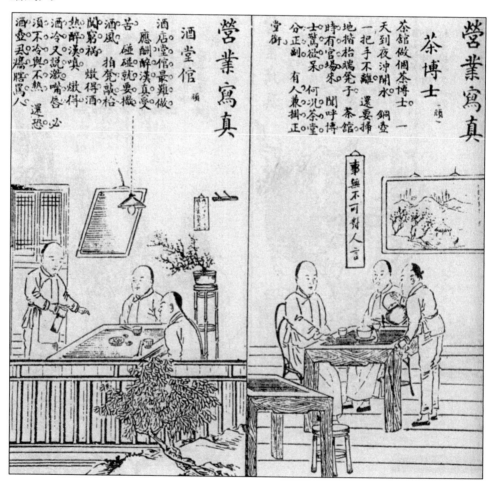

413. 鑲牙齒

鑲牙齒，真本事，外國學來好法子。任爾牙齒一個無，鑲得假牙滿一嘴。
女界鑲牙尤喜歡，金齒燦然作美觀。逢人齲齒嫣然笑，引得人人著意看。

414. 推驚嫗

推驚老太婆，實在槍花多。急驚慢驚隨口說，居然自命小兒科。
不但推驚兼切脈，糊糊塗塗用驚藥。吃了不死造化多，小命一條真拾著。

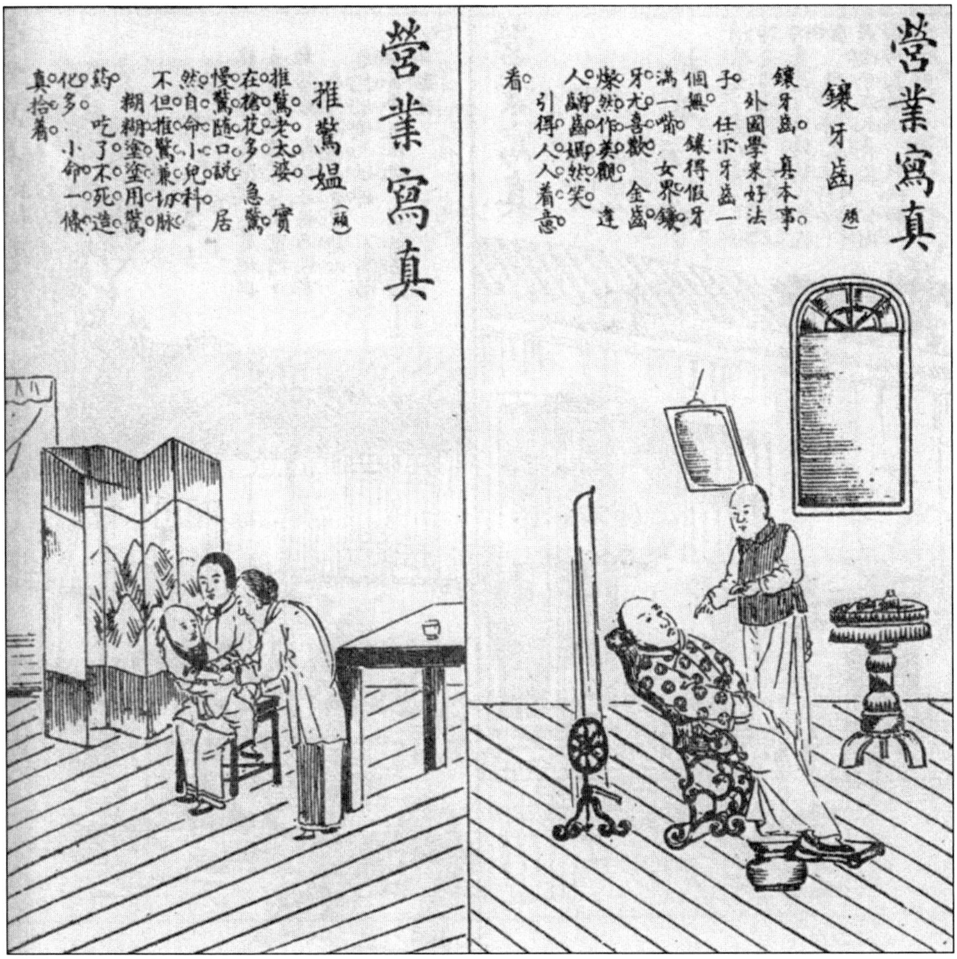

415. 垃圾夫

垃圾夫，真齷齪，肩挑擔子日將垃圾捉。家家門口勤掃除，節到好將酒錢索。

奈何尚想尋尋窮開心，要把娘姨大姐姘。不聞唱灘簧中捉垃圾，窮形極相真難聽。

416. 挑灰

稻草灰，糞田好，此物卻是鄉間寶。一條扁擔兩隻籃，出錢挨戶來收倒。

只許倒灰不許扒，若要扒灰太弄差。公偷媳婦真無理，捉住鄉人掌嘴巴。

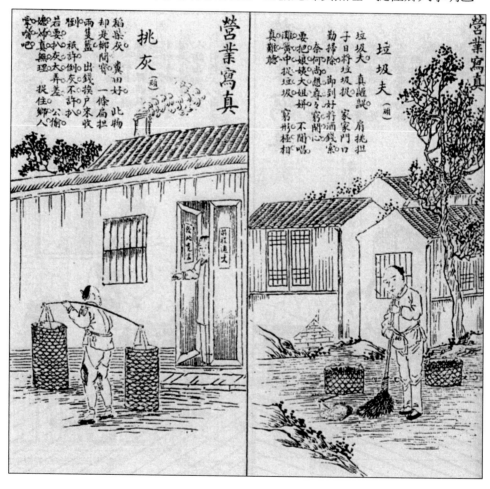

417. 製錫糖

　　錫糖甜如蜜，製法真特別。蘆柴整捆灶內燒，糖不燒成火不息。

　　開鍋一陣透甜香，煎得錫糖赤勒黃。蜜騙見之應眼熱，何來一鑊大迷湯。

418. 做酒

　　若要做酒缸缸好，第一必須酒藥妙。若用壞藥貪便宜，味道又酸性又燥。

　　做酒難造酒作間，絕好房子容易坍。房屋尚難勝酒力，無怪世人貪酒性命大交關。

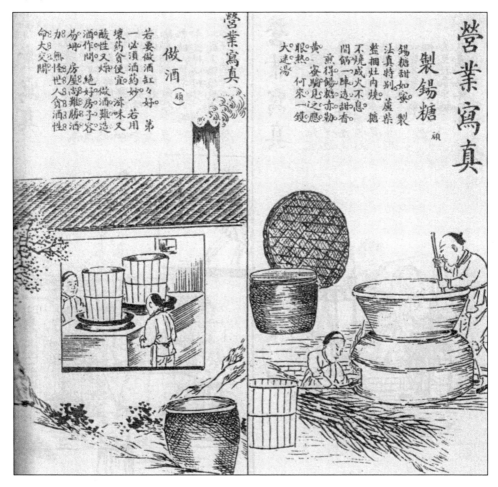

419. 燒還魂料

碎瓶碎缸碎燈泡，洋料都好還魂燒。燒做煙壺與首飾，綠白分明花樣高。
綠者如翠白如玉，鄉人賣歸心快樂。失手跌碎喊阿呀，一錢不值填壁角。

420. 鋸象牙

象牙店裏鋸牙片，柴管淋漓水花濺。鋸開好把各物雕，雕成各物將錢變。
象有齒以焚其身，世人何必貪金銀。貪夫見把象牙鋸，應驚刀鋸慘臨身。

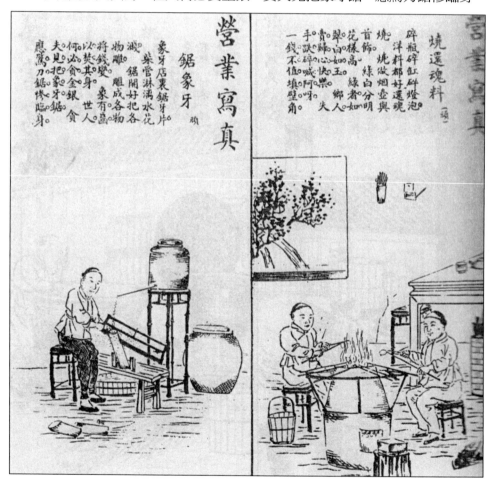

421. 賣黃藏赤豆糕

黃藏赤豆糕，竹爿拍拍敲。敲煞無人買，真正心裏焦。

黃藏只有一點豆沙餡，赤豆糕兒甜味淡。鄉下點心只好鄉下銷，城裏買來吃不慣。

422. 賣糟螺螄

糟螺螄，滋味好，蔥花桂皮加香料。五文一碗價不昂，此種螺螄不是雞棚炒。

螺螄肉，殼內縮，要吃須要嘴唇索。休教索痛嘴唇皮，反恨螺螄為啥要生殼。

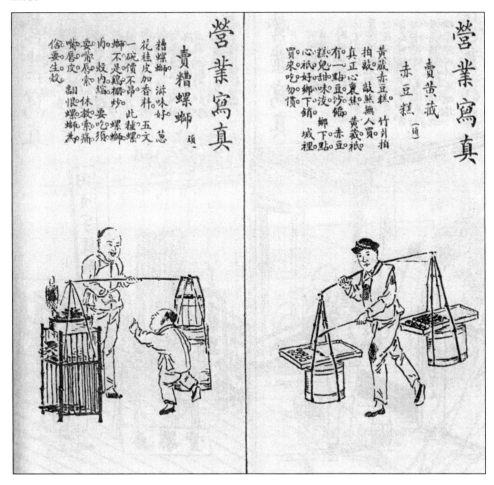

423. 寫招牌字

橫轉身體寫招牌，七抓八湊本領佳。破筆一枝隨手提，寫成卻無一字揚。

古云心正則筆正，寫招牌反笑古人笨。日今商界多想發橫財，可知越是橫寫越得勁。

424. 貼招紙

沿街沿巷貼招紙，招徠生意好法子。第一漿面須要牢，莫被雨打風吹無一字。

近來各處報館開，多登告白好發財。免得尿坑壁角糟蹋有字紙，最怕零零碎碎飛開來。

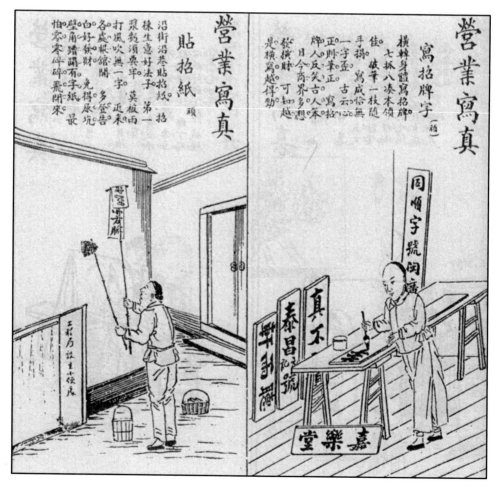

425. 古董客人

　　古董客人好生意，買進賣出發財易。真者甚少假者多，此種行業好作弊。
近來世界喜維新，古董生意難騙人。不及東西洋貨好，年年飛燥賺金銀。

426. 賣碑帖

　　昔人讀書將字習，自幼至壯要臨帖。碑帖店裏生意忙，裱裱糊糊來不及。
　　今人讀書讀西書，寫得字成蝌蚪如。古碑古帖將要用不著，老師宿儒空
歘歔。

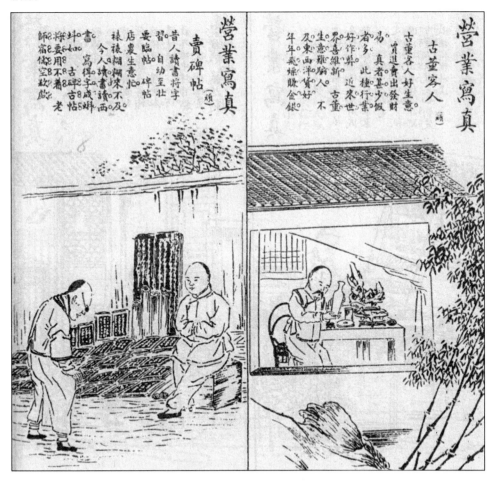

427. 做銀罐子

銀罐子，薄稀鬆，一碰就碎真勿牢。此物專銷錫匠店，製造首飾將銀澆。

銀子本是流通物，如何放入罐中烊首飾。縱使回爐依舊能變錢，只恐必須打七折。

428. 做皮棍

皮棍真是新生意，只為軋花廠裏近來用機器。若無皮棍軋不來，哪得機中出花易。

定做皮棍招牌奇，只因此物識者稀。誤認堂堂大店號，如何定做地棍與潑皮。

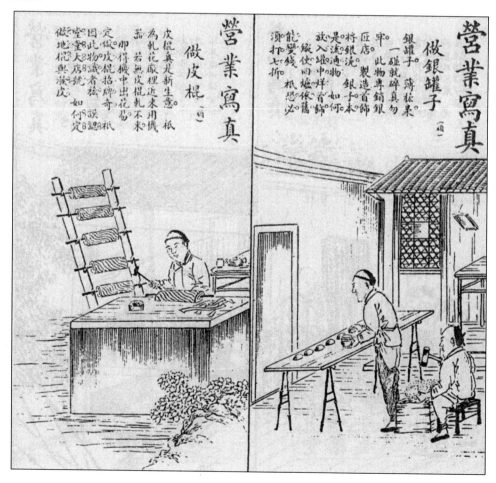

429. 做銅泡釘

銅泡釘，啥用場，釘頭擦得赤勒黃。只堪婚喪喜慶釘釘軸梗子，一撬即落軸子不受傷。

無怪此物銷場細，做得釘成難覓利。何況近來盛行小洋釘，銅泡釘作更要亂歎氣。

430. 釘蜊殼窗

蜊殼窗，亮汪汪，遮風遮雨兼遮陽。昔年窗上多用此，一窗需殼數十張。

近來裝潢尚洋式，玻璃窗子出出色。蜊殼生意盡搶光，打蜊殼匠發老極。

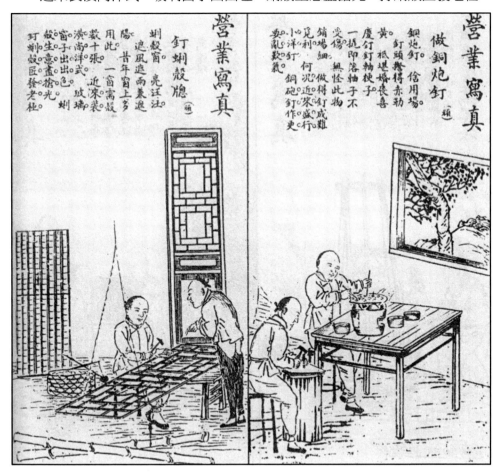

431. 牽真粉

真粉膩凍凍，牽來何所用。用些燒入菜肴中，味厚更覺碗頭重。

莫言業小亦稱坊，小本居然大作場。不見出名凌萬盛，牆頭大字寫煌煌。

432. 做光粉

光粉白如雪，做得真精潔，塗窗可以揩玻璃，入白可以打米粒。

顧名思義粉白光，可為麻子戲添妝。管教戲得麻潭滿，折本無虞價不昂。

（詳言「麻子撲粉折煞老本」，故云。）

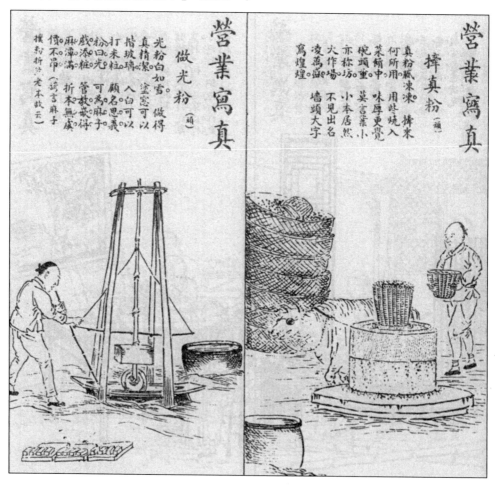

433. 賣藤鐲

海風藤鐲四川出，云能祛風兼理濕。美觀更有海珊瑚，血筋縷縷真寶物。

藤鐲雖好價不昂，帶者乃用黃金鑲。既重黃金何不帶金鐲，伸開玉腕赤勒黃。

434. 賣照片

倌人照片拍來好，可稱惟妙更惟肖。本來只許贈情郎，而今四處八方都賣到。

銷場最好四金剛，數十文錢買一張。發魘之人看不厭，只恐夫人吃醋扯精光。

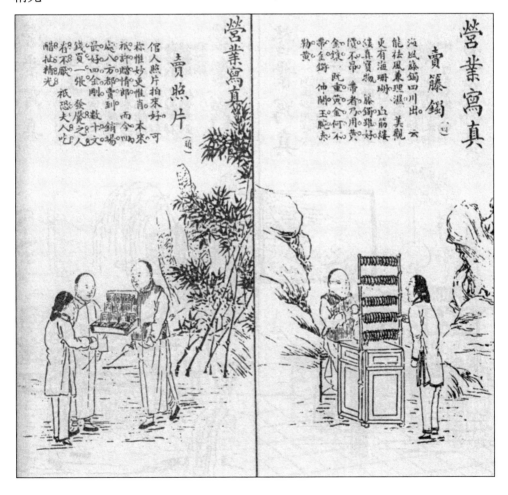

435. 田夫

田家自有樂，只望年成熟。忘卻耕田受苦辛，背脊曬焦腰摳曲。

從前穀賤始妨農，近來米貴農不豐。農夫負來長幾歎，枉費辛勞不救窮。

436. 績麻

鄉村婦女夜績麻，只為欲將生計巴。瓦燈一盞暗禿禿，擘得麻多眼欲花。

織成麻布向人歎，此布近來銷場減。華人大半服洋紗，因甚全無愛國念。

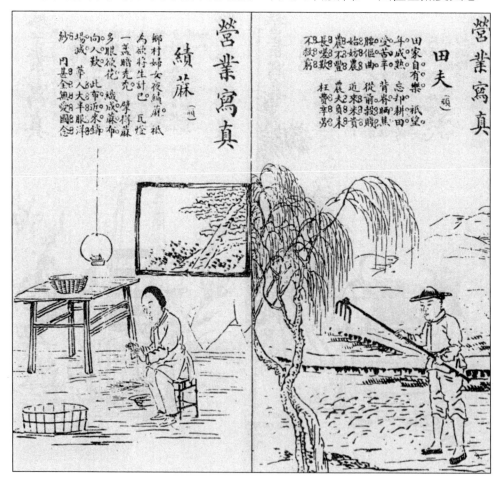

437. 糊元絲錠

　　元絲錠，滴溜圓，慢糊錠面先糊圈。糊成活像真銀錠，雪白燦亮真好看。
錠面更將絲紋印，十兩一錠恰相等。世人莫笑窮鬼多，一死此錠便有分。

438. 糊紗元寶

　　紗元寶，用紗罩，一匣八隻裝潢好。有金有銀耀眼睛，隻隻多是兩頭翹。
　　此物銷場冥禮多，喪家受弔廣搜羅。可歎生前親友難分惠，死後人情送
什麼。

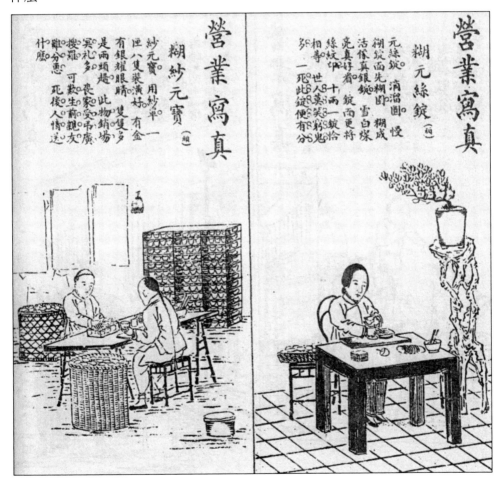

439. 賣彈弓

歷朝武備尚弓箭，百步穿楊將技練。近來火器日精明，硬弩強弓藏不見。

只有彈弓世尚珍，製成猶可賣與人。只為彈丸脫手如槍子，既堪打獵又防身。

440. 做號筒

號筒鳴嘟嘟，聲比喇叭粗。軍樂隊中少不得，只因其音綿邈其氣疏。

號筒七曲更八繞，不像喇叭通直竅。乃知曲道而今竟不行，無怪人心直道少。

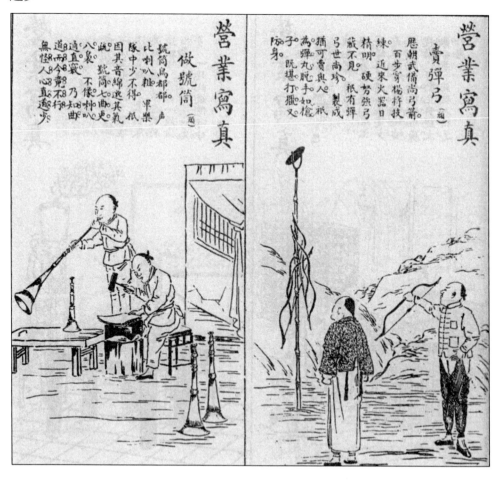

441. 做引線

引線作裏做引線，數文一支價極賤。雖然不是鐵杵磨，（俗言：「鐵杵磨繡針，只好工夫深」）也費工夫好幾遍。

做成引線可繡花，女子同將針法壓。莫被小孩偷摸去，拿來細細戳芝麻（「引線頭上戳芝麻」，亦俗語也。）

442. 賣綿綢

綿綢也是綢，披在身上軟兜兜。綿綢價比別綢賤，買來做件衣方便。

奈何近日銷場低，豈因價廉反而不合宜。富家製衣既然喜歡價錢貴，我想何不穿件銅錢衣。

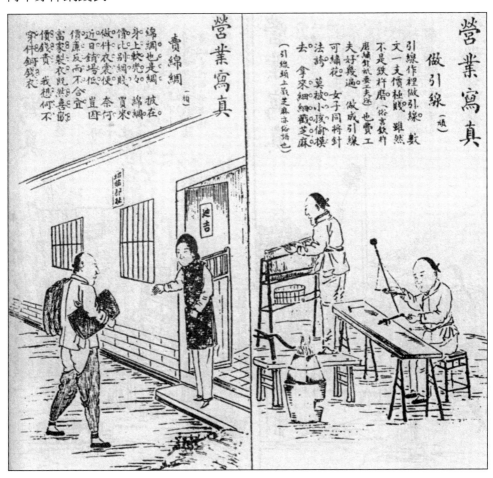

443. 做骨牌

骨牌作裏做骨牌，牌心活像真象牙。三十二張點子要清楚，挖花麻雀更須刻得花紋佳。

骨牌雖然做得好，無奈害人真不小。有牌只想賭銅錢，蕩產傾家性命都難保。

444. 賣洋漆器

洋漆器，出東洋，東洋漆器風而光。帽筒果盤與碗碟，般般件件多銷場。

漆樹本是中國出，奈何中國手工拙。致今洋漆竟出名，中國漆器反埋沒。

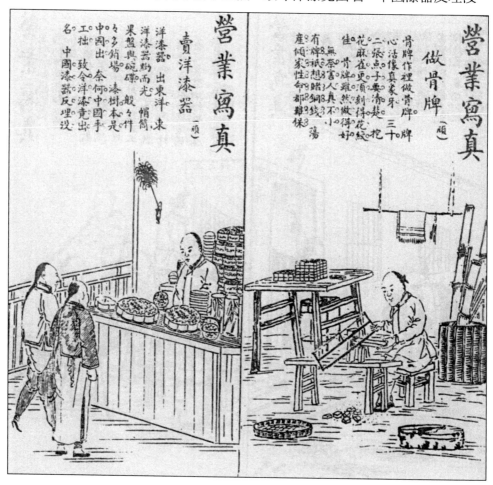

445. 馬販子

山東馬販子，販馬真本事。馬多人少路途遙，名馬俱從口外至。

太息近來伯樂無，致教良駿辱泥途。馬猶如此人堪歎，埋沒英雄負負呼。

446. 皮貨客人

山西小販賣皮貨，親自沿街兜主顧。口音不對莫出聲，皮字像屁貨像股。

夜包一個手中攜，一件招牌身上披。行路之人休錯認，並非孝服翻轉白羔皮。

447. 做鉛子

機器做鉛子，殺人猛於矢。矢人猶恐不傷人，鉛子粒粒可以致人死。

鉛子之製始外洋，外人因之國上強。乃知強國在於張殺伐，尤宜留心製造大炮與與洋槍。

448. 翻砂作

翻砂作裏善翻砂，工人各把手段誇。模型具具翻來像，照樣並無絲毫差。

漫道翻砂真本事，葫蘆依樣昔人恥。若能別出心裁奪化工，工藝之強自此始。

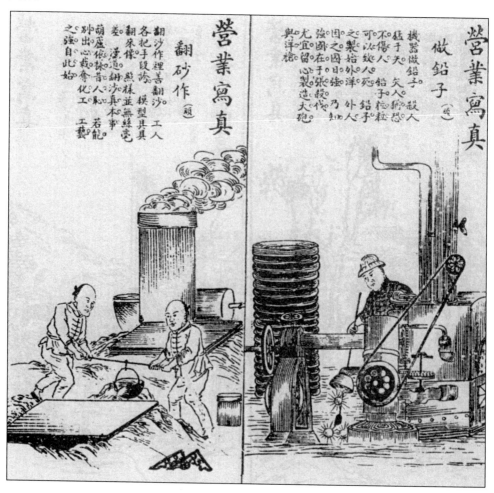

449. 粥店

小本開爿小粥店，只賣現錢勿賒欠。半夜三更門不關，贏得貧民都說便。

有錢子弟厭肴菜，無錢之人只好喝粥湯。卻比施粥廠裏吃施粥，亂搶亂奪有面光。

450. 老虎灶

老虎灶，生意好，各家要把開水泡。一文一杓不許添，宛比參湯真可寶。

既然水價十分昂，老虎灶主心莫狼。休要省煤不顧恃人害，卻把溫水拿來當滾水湯。

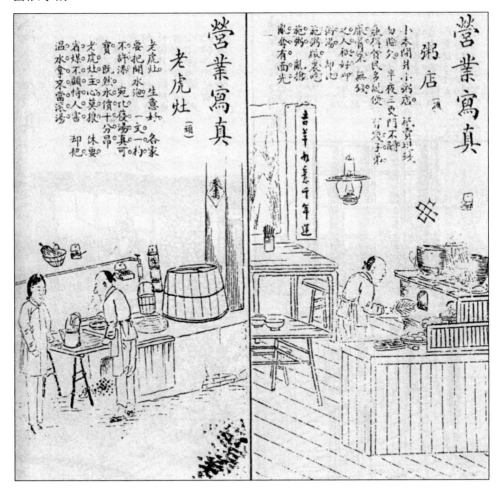

451. 收豬油

兩隻竹箄收豬油，每日派人肉鋪兜。豬油收來作何用，裝入桶內銷徽州。
徽州地方少豬肉，豬油炖肉誇口福。更把豬油沖碗湯，吃得肚腸滑渡渡。

452. 做臘腸

臘腸做成一段段，不曾切開真難看。況且要吃吃不來，任爾鋼牙咬難斷。
此物之製自廣東，臟油雪白火腿紅。西人莫認沙孫土，長短不差大小同。

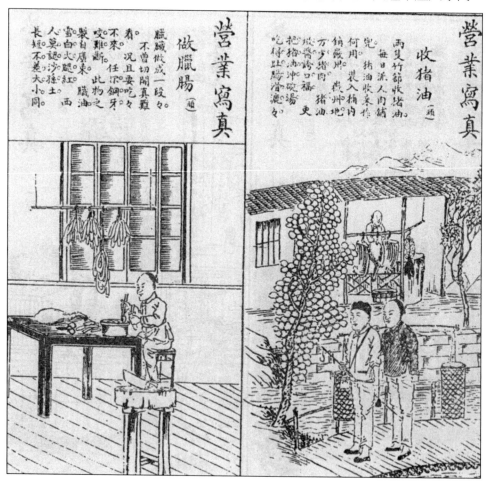

453. 搭涼棚

涼棚搭來高，通風好把空氣招，涼棚搭來堅，勿怕烏風猛雨天。

涼棚皆在夏天搭，扒上扒下活忙煞。一到秋深一個無，好比夏大少爺一齊摩化塌。

454. 做蘆簾

折取蘆頭做簾子，掛在窗前真古緻。太陽遮住一庭光，明月篩開滿地水。

蘆簾宜向竹屋懸，村居風景和天然。簾前種簇閒花草，花影侵窗畫意妍。

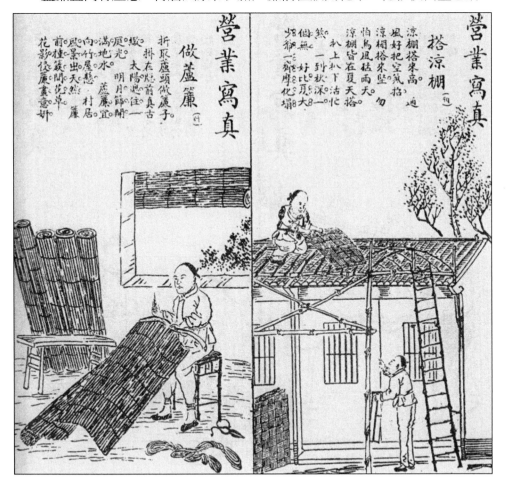

455. 賣河豚

荻芽抽筍河豚上，滋味鮮來真異樣。老饕看見滴饞涎，買來煮熟喉嚨癢。
煮時切忌染埃塵，一染埃塵便毒人。莫要貪嘴勿留窮性命，竟因口福誤傷身。

456. 賣蛇膽

動物之中蛇最毒，不圖蛇膽能明目。蛇乞荒郊去捕蛇，蜿蜒捕得蛇盈籠。
只賣蛇膽生意清，騙人買蛇供放生。我想倘然肯放何須捉，謊話嗤他說未精。

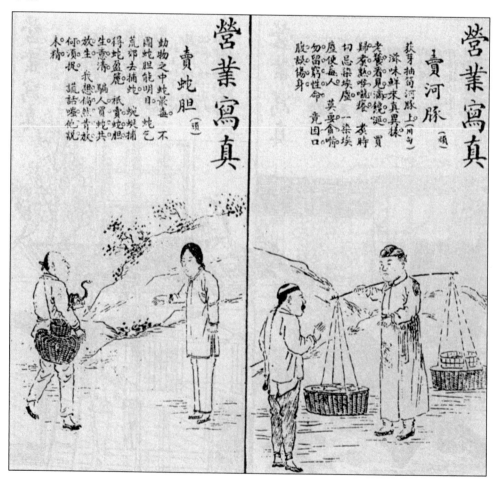

參考文獻

1. 李德生著《煙畫的研究》〔日〕川床邦夫譯（日本經濟研究所出版 2005 年）
2. 李德生著《老北京的三百六十行》（中國山西古籍出版社出版 2006 年）
3. 李德生著《煙畫三百六十行》（臺灣漢聲出版公司出版 2001 年）
4. 李德生著《三百六十行》（加拿大《中華時報》連載 2002～2023 年）
5. 王稼句編纂《三百六十行圖集》（古吳軒出版社 1998 年）
6. 盛巽昌序《三百六十行大觀》（上海畫報出版社 1997 年）